KLASSIKER
DR. OETKER
VERLAG
SEIT 1891

PUDDING & CREME

Löffelglück für Süßschnäbel

Meine Lieblings-rezepte

DIE DR. OETKER GELING-GARANTIE

UNSER VERSPRECHEN

Liebe Leserin, lieber Leser,

mit den Rezepten in unseren Koch- und Backbüchern möchten wir Sie und Ihre Lieben glücklich machen. Zum Glück braucht es den Erfolg, und den kaufen Sie mit jedem Dr. Oetker Buch gleich mit.

Dafür gibt es die Dr. Oetker Geling-Garantie. Sie ist unser Versprechen, dass alle Rezepte aus diesem Buch ganz einfach und sicher gelingen. Die Geling-Garantie startet schon bei der Zutatenliste: Alle Zutaten, die wir verwenden, sollten Sie leicht in Ihrem Supermarkt vor Ort einkaufen können. Jeder Zubereitungsschritt ist klar und einfach nachvollziehbar.

Eine Garantie können wir Ihnen aber auch deshalb mit gutem Gewissen geben, weil alle Rezepte dieses Buches von unserem erfahrenen Team entwickelt wurden. Anschließend haben wir jedes Gericht in einer ganz normalen Küche nachgekocht oder nachgebacken. Immer wieder. So lange, bis wir uns sicher waren, dass es gelingt. Und zwar auch bei Ihnen zu Hause.

Was wir versprechen, halten wir auch. Sollte beim Kochen oder Backen eines unserer Rezepte dennoch etwas danebengehen oder es Ihnen einfach nicht schmecken, dann lassen Sie es uns wissen. Schreiben Sie oder rufen Sie uns an! Wir werden das Rezept nochmals kritisch prüfen und Ihnen helfen herauszufinden, woran es gelegen haben könnte. Sie erreichen uns unter der Telefonnummer +49(0)89/548 2515-0. Oder schreiben Sie uns eine E-Mail unter: redaktion-oetker@edel.com.

Natürlich freuen wir uns aber auch über weitere Rückmeldungen und über Lob. Ihre Ideen, Kommentare und Fragen können Sie jederzeit auch über Facebook posten: www.facebook.com/Dr.OetkerVerlag. Wir sind für Sie da. Garantiert.

Mit herzlichen Grüßen
Ihre Dr. Oetker Redaktion

ALLGEMEINE HINWEISE ZU DEN REZEPTEN

Unser Tipp

Lesen Sie bitte vor der Zubereitung – besser noch vor dem Einkauf – das Rezept einmal vollständig durch. Oft werden Arbeitsabläufe oder -zusammenhänge dann klarer.

Arbeitsschritte

Die Zutaten sind in der Reihenfolge ihrer Verarbeitung aufgeführt. Die Arbeitsschritte sind einzeln hervorgehoben, in der Reihenfolge, in der sie von uns ausprobiert wurden.

Zubereitungszeiten

Die angegebene Zubereitungszeit schließt die Dauer der Vorbereitung und die eigentliche Zubereitung mit ein. Sie ist ein Anhaltswert und kann je nach individuellem Geschick oder Übung natürlich ein wenig variieren. Sind längere Wartezeiten (z. B. Kühlzeiten) oder Garzeiten nötig, ohne die eine Speise nicht fertig zubereitet werden kann, und können in dieser Zeit parallel keine anderen Arbeitsschritte erfolgen, sind diese zusätzlich zur Zubereitungszeit ausgewiesen.

Herd und Backofen

Die in den Rezepten angegebenen Backofentemperaturen und Garzeiten sind Richtwerte, die je nach individueller Hitzeleistung Ihres Herdes über- oder unterschritten werden können. Prüfen Sie nach Beendigung der angegebenen Garzeit, ob das Gericht gar ist. Die Temperaturangaben in diesem Buch beziehen sich auf Elektrobacköfen. Die Temperatur-Einstellungsmöglichkeiten für Gasbacköfen variieren je nach Hersteller, sodass wir keine allgemeingültigen Angaben machen können. Bitte beachten Sie deshalb bei der Einstellung des Backofens die Gebrauchsanleitung des Herstellers. Ein Backofenthermometer eignet sich dabei gut, um die Backofentemperatur im Blick zu haben.

Hinweise zu den Nährwerten

Bei den Nährwertangaben in den Rezepten handelt es sich um auf- bzw. abgerundete ganze Werte. Aufgrund von ständigen Rohstoffschwankungen und/oder Rezepturveränderungen bei Lebensmitteln kann es zu Abweichungen kommen. Die Nährwertangaben dienen daher lediglich Ihrer Orientierung und eignen sich nur bedingt für die Berechnung eines Diätplans.

Abkürzungen und Symbole

EL	Esslöffel
TL	Teelöffel
Msp.	Messerspitze
Pck.	Packung/Päckchen
g	Gramm
kg	Kilogramm
ml	Milliliter
l	Liter
evtl.	eventuell
geh.	gehäuft
gem.	gemahlen
ger.	gerieben
gestr.	gestrichen
TK	Tiefkühlprodukt
°C	Grad Celsius
Ø	Durchmesser

Nährwertangaben

E	Eiweiß
F	Fett
Kh	Kohlenhydrate
kcal	Kilokalorien

SCHOKOPUDDING

Zubereitungszeit: 15 Minuten
Kühlzeit: 2 Stunden
Vegan (mit Pflanzendrink)

ZUTATEN FÜR 6 PORTIONEN (IM FOTO IN SCHÄLCHEN)

200 g Edelbitter-Schokolade (mind. 60 % Kakaoanteil)
750 ml Milch (3,5 % Fett) oder Pflanzendrink, z. B. Soja- oder Mandeldrink
1 Prise Salz
1 Prise gem. Zimt oder Vanille
25 g Speisestärke

Pro Portion:
E: 8 g, F: 10 g, Kh: 26 g, kcal: 236

1. Die Schokolade in kleine Stücke hacken. 500 ml Milch oder Pflanzendrink in einem Topf bis knapp unter den Siedepunkt erhitzen. Die Schokoladenstücke in die heiße Milch oder den Pflanzendrink geben und schmelzen lassen. Je 1 Prise Salz und Zimt oder Vanille dazugeben und alles zu einer glatten Masse verrühren.

2. Die restliche Milch oder den Pflanzendrink (250 ml) in einem Rührbecher mit der Speisestärke glatt verrühren.

3. Schokomilch oder Schokopflanzendrink unter Rühren zum Kochen bringen. Den Topf von der Kochstelle nehmen und die Stärkemischung unter Rühren hineingießen. Den Topf zurück auf die Kochstelle stellen. Alles unter Rühren kurz aufkochen und andicken lassen.

4. Den Topf von der Kochstelle nehmen. Den Pudding in Dessertschalen oder -gläser füllen, abkühlen lassen und anschließend etwa 2 Stunden in den Kühlschrank stellen.

Rezeptvariante:
Für **Schoko-Sahne-Pudding** (4 Portionen; im Foto auf Tellern) 300 ml Milch (1,5 % Fett) und 200 g Schlagsahne in einem Topf verrühren. 6 EL der Milchmischung in einer Schüssel mit 1 Pck. Puddingpulver Schoko-Geschmack und 50 g Zucker glatt verrühren. Die restliche Milchmischung unter Rühren zum Kochen bringen. Den Topf von der Kochstelle nehmen. Das angerührte Puddingpulver in die Milchmischung rühren. Den Topf wieder auf die Kochstelle stellen. Den Pudding unter Rühren mindestens 1 Minute kochen lassen, dann von der Kochstelle nehmen. 100 g Bitter-Schokolade (mind. 60 % Kakaoanteil) in Stücke brechen und im heißen Pudding schmelzen. Den Pudding in eine Schüssel füllen und direkt an der Oberfläche mit Frischhaltefolie belegen. Abkühlen lassen, dann etwa 2 Stunden kalt stellen. Oder den Pudding zum Stürzen in kalt ausgespülte Puddingförmchen füllen und am besten über Nacht kühlen.

TIPP:

Als Garnitur passen frische Himbeeren sehr gut. Oder spritzen Sie jeweils einen Tupfen Schlagsahne darauf und bestreuen alles mit Raspelschokolade.

Lieblingsrezept Nr.

1

VANILLEPUDDING MIT ERDBEEREN

Zubereitungszeit: 25 Minuten, ohne Abkühlzeit

ZUTATEN FÜR 4 PORTIONEN

Für den Pudding:

1 Vanilleschote
1 Prise Salz
500 ml Milch (3,5 % Fett) oder 250 ml Milch und 250 ml Schlagsahne
2 Eigelb (Größe M)
3 EL Zucker
1 Pck. Bourbon-Vanille-Zucker
50 g Speisestärke

Zum Einschichten:

250 g frische Erdbeeren
4–6 Butterkekskringel, z. B. Dänische Butterkekse
4 TL gehackte Pistazienkerne

Pro Portion:

E: 8 g, F: 12 g, Kh: 41 g, kcal: 306

1. Die Vanilleschote mit einem Messer der Länge nach aufschneiden und das Mark mit dem Messerrücken herausschaben. Vanillemark und -schote, Salz und 400 ml Milch oder 250 ml Milch und 150 ml Sahne in einen Topf geben. Die Milchmischung aufkochen lassen, dann von der Kochstelle nehmen und kurz ziehen lassen.

2. Inzwischen zum Einschichten die Erdbeeren verlesen, kurz abspülen und gut abtropfen lassen. 2 große Erdbeeren zum Garnieren beiseitelegen. Von den restlichen Erdbeeren das Grün entfernen und die Beeren je nach Größe halbieren oder vierteln.

3. Die Vanilleschote aus dem Topf nehmen. Die restliche Milch oder Sahne (100 ml) mit Eigelb, Zucker, Vanille-Zucker und Stärke in einer Schüssel glatt verrühren. Den Topf wieder auf die Kochstelle setzen. Die Stärkemischung unter Rühren in den Topf geben, alles kurz aufkochen und andicken lassen.

4. Zum Einschichten die Kekse grob zerkleinern. Die vorbereiteten Erdbeeren in Gläser verteilen. Die Hälfte des Puddings und darauf die Kekse verteilen. Mit dem restlichen Pudding abschließen. Erkalten lassen.

5. Die beiseitegelegten Erdbeeren halbieren und mit den Pistazien auf die Desserts geben.

Rezeptvariante:
Für **gestürzten Vanillepudding** 4–6 Portionsformen (je etwa 150 ml Inhalt) oder 1 große Puddingform (etwa 700 ml Inhalt) mit kaltem Wasser ausspülen. Den Pudding ohne Eigelb zubereiten, in die Form(en) füllen und auf Zimmertemperatur abkühlen lassen. Dann mindestens 6 Stunden in den Kühlschrank stellen, am besten über Nacht. Zum Servieren stürzen. Nach Belieben mit einer Sauce aus pürierten Beeren (z. B. Himbeeren oder Erdbeeren) anrichten.

TIPP:

Sie können das fertige Dessert problemlos einige Stunden im Kühlschrank aufbewahren. Decken Sie es gut mit Frischhaltefolie ab, damit es nicht austrocknet oder den Kühlschrankgeruch annimmt.

Lieblingsrezept Nr.

2

HERRENCREME

Zubereitungszeit: 45 Minuten, ohne Abkühlzeit
Kühlzeit: 2 Stunden
Mit Alkohol

ZUTATEN FÜR 12 PORTIONEN

Für den Pudding:

- 1,5 l Milch (3,5 % Fett)
- 3 Pck. Puddingpulver Sahne-Geschmack
- 6 schwach geh. EL Zucker
- 125 ml brauner Rum
- 140 g Zartbitter-Raspelschokolade (etwa 50 % Kakaoanteil)

Für die Creme:

- 750 g Schlagsahne (mind. 30 % Fett)
- 3 Pck. Sahnesteif
- 3 Pck. Vanillin-Zucker

Für die Garnitur:

- 70 g Zartbitter-Raspelschokolade (etwa 50 % Kakaoanteil)
- evtl. einige frische Himbeeren

Zusätzlich:

- Spritzbeutel mit Loch- oder Sterntülle (Ø 8–10 mm)

Pro Portion:

E: 7 g, F: 29 g, Kh: 36 g, kcal: 456

1. Für den Pudding aus Milch, Puddingpulver und Zucker einen Pudding nach Packungsanleitung zubereiten. Den Pudding in eine hitzebeständige Schüssel füllen und direkt an der Oberfläche mit Frischhaltefolie belegen, damit sich keine Haut bildet. Den Pudding erkalten lassen.

2. Unter den erkalteten, aber noch nicht fest gewordenen Pudding den Rum und die Raspelschokolade rühren.

3. Für die Creme die Sahne in einer Rührschüssel mit einem Mixer (Rührstäbe) fast steif schlagen. Das Sahnesteif mit dem Vanillin-Zucker mischen, diese Mischung in die Sahne streuen und die Sahne vollständig steif schlagen.

4. Etwa drei Viertel der Sahne unter den Pudding heben. Die Creme in eine große Schale oder in Dessertschalen füllen. Die Creme etwa 2 Stunden in den Kühlschrank stellen. Die restliche Sahne in den Spritzbeutel füllen und ebenfalls in den Kühlschrank legen.

5. Zum Servieren die Herrencreme mit der Sahne aus dem Spritzbeutel verzieren. Alles mit der Raspelschokolade bestreuen und nach Belieben mit abgespülten, trocken getupften Himbeeren garnieren.

TIPPS:

Dieses Dessert enthält traditionell Rum. Möchten Sie es auch für Kinder zubereiten, lassen Sie den Rum einfach weg. Bestäuben Sie die Creme zusätzlich mit etwas Kakaopulver.

Falls Sie kein Puddingpulver Sahne-Geschmack zur Hand haben, können Sie für das Dessert stattdessen auch Pudding Vanille-Geschmack verwenden.

Lieblingsrezept Nr.

3

GRIESSPUDDING

Zubereitungszeit: 20 Minuten
Kühlzeit: 3 Stunden

ZUTATEN FÜR 4 PORTIONEN

Für den Pudding:

½ Vanilleschote
500 ml Milch (3,5 % Fett)
75 g Zucker
abger. Schale von
½ Bio-Zitrone
50 g Weichweizengrieß
1 sehr frisches Ei (Größe M)

Zusätzlich:

4 Portionsformen (je 150–200 ml Inhalt) oder 1 große Schale (etwa 700 ml Inhalt)

Pro Portion:

E: 7 g, F: 5 g, Kh: 33 g, kcal: 221

1. Die Vanilleschote mit einem Messer längs aufschneiden und das Mark mit dem Messerrücken herausschaben. Die Milch mit Zucker, Zitronenschale, Vanilleschote und -mark in einem Topf zum Kochen bringen. Den Grieß unter Rühren einstreuen. Die Mischung wieder zum Kochen bringen und etwa 1 Minute unter Rühren kochen lassen.

2. Den Topf von der Kochstelle nehmen, die Vanilleschote entfernen. Das Ei trennen. Das Eigelb zügig unter den heißen Pudding rühren. Das Eiweiß in einem Rührbecher mit einem Mixer (Rührstäbe) steif schlagen und ebenfalls unter den heißen Pudding rühren.

3. Den Pudding in die Portionsformen oder Schale (jeweils mit kaltem Wasser ausgespült) füllen. Den Grießpudding auf Zimmertemperatur abkühlen lassen, dann etwa 3 Stunden in den Kühlschrank stellen.

4. Zum Servieren den Pudding mit einem Messer vom Rand der Form(en) lösen und auf 4 kleine bzw. 1 großen Teller stürzen.

Hinweis:
Nur ganz frische Eier verwenden (Legedatum beachten, mind. 23 Tage Resthaltbarkeit). Den Grießpudding im Kühlschrank aufbewahren und innerhalb von 24 Stunden verzehren.

Rezeptvariante 1:
Für **Maisgrießpudding** Milch, Zucker, Zitronenschale, Vanilleschote, -mark und zusätzlich 20 g Butter zum Kochen bringen. Anstelle von Weizengrieß 50 g Maisgrieß (Polenta) verwenden und den Pudding wie im Rezept beschrieben zubereiten.

Rezeptvariante 2:
Für **Grieß-Quark-Pudding** nach dem Eischnee noch 125 g Speisequark (20 % Fett) unter den lauwarmen Pudding rühren.

Rezeptvariante 3:
Für **Grießpudding mit Zimt** anstelle der Vanilleschote 1 Zimtstange verwenden.

TIPPS:

Da die Grießmasse beim Kochen spritzen kann, eignet sich ein Löffel oder Schneebesen mit langem Stiel zum Umrühren gut.

Das Eigelb verleiht dem Pudding mehr Cremigkeit, der Eischnee macht ihn luftiger. Sie können das Ei jedoch auch weglassen – der Pudding wird dann etwas kompakter.

Den Pudding mit Früchten, z. B. eingelegten Aprikosen, und Schlagsahne servieren.

Lieblingsrezept Nr.

4

MILCHREIS

Zubereitungszeit: 15 Minuten
Quellzeit: 35 Minuten
Vegan (Rezeptvariante)

ZUTATEN FÜR 6 PORTIONEN

Für den Milchreis:

1 l Milch (1,5 % Fett)
2 EL Zucker
1 Pck. Vanillin-Zucker
175 g Milchreis (Rundkornreis)

Zum Bestreuen:

2 EL Zucker
½ TL gem. Zimt

Pro Portion:
E: 7 g, F: 6 g, Kh: 40 g, kcal: 248

1. Für den Milchreis die Milch in einen Topf gießen. Zucker und Vanillin-Zucker dazugeben und alles unter gelegentlichem Rühren zum Kochen bringen.

2. Den Milchreis unterrühren. Alles unter Rühren zum Kochen bringen und den Reis mit halb aufgelegtem Deckel bei schwacher Hitze in etwa 35 Minuten ausquellen lassen. Dabei gelegentlich umrühren, damit der Reis nicht anbrennt.

3. Zum Bestreuen Zucker und Zimt in einer kleinen Schüssel gut vermischen.

4. Den Milchreis noch warm oder lauwarm mit dem Zimt-Zucker bestreuen und sofort servieren oder zunächst erkalten lassen und erst zum Servieren mit dem Zimt-Zucker bestreuen.

Rezeptvariante:
Für **veganen Milchreis** (4 Portionen) 500 ml ungesüßten Sojadrink (natur) mit 1 TL Vollrohrzucker in einem Topf verrühren und zugedeckt zum Kochen bringen. 125 g Milchreis (Rundkornreis) einstreuen und umrühren. Alles zum Kochen bringen und den Reis bei schwacher Hitze mit halb aufgelegtem Deckel in etwa 30 Minuten ausquellen lassen, dabei gelegentlich umrühren.

TIPPS:

1 kleines Stück dünn abgeschälte Bio-Zitronenschale im Reis mitgaren. Als süßes Hauptgericht reicht der Milchreis für 3–4 Portionen.

Wunderbar kernig wird der Reis, wenn Sie etwa 2 EL Sonnenblumenkerne oder Mandelstifte in einer Pfanne ohne Fett unter Wenden goldbraun rösten, kurz abkühlen lassen und auf den Reis streuen.

Lieblingsrezept Nr.

5

BAYERISCHE CREME MIT HIMBEERSAUCE

Zubereitungszeit: 40 Minuten
Kühlzeit: 3 Stunden

ZUTATEN FÜR 6 PORTIONEN

Für die Creme:

1 Vanilleschote
250 ml Milch (3,5 % Fett)
6 Blatt weiße Gelatine
3 Eigelb (Größe M)
75 g Zucker
250 g Schlagsahne (mind. 30 % Fett)

Für die Himbeersauce:

300 g frische Himbeeren
1 EL Puderzucker

Zusätzlich:

6 Portionsformen bzw. Tassen (150–200 ml Inhalt) oder 1 Pudding- oder Gugelhupfform (etwa 1 l Inhalt)

Pro Portion:

E: 6 g, F: 18 g, Kh: 21 g, kcal: 269

1. Für die Creme die Vanilleschote mit einem Messer der Länge nach aufschneiden, das Mark mit dem Messerrücken herausschaben. Die Milch mit dem Vanillemark in einem Topf zum Kochen bringen. Die Gelatine nach Packungsanleitung in kaltem Wasser einweichen.

2. Das Eigelb mit dem Zucker in einer Edelstahlschüssel mit einem Schneebesen verrühren. Die heiße Milch unter Rühren dazugießen. Im heißen Wasserbad bei mittlerer Hitze unter ständigem Schlagen erhitzen, bis die Masse leicht dicklich ist (Wasser und Masse dürfen nicht kochen, da die Masse sonst gerinnt!). Dabei die Masse nicht zu stark schlagen, sie soll nicht schaumig sein. Den Topf von der Kochstelle nehmen.

3. Die Gelatine leicht ausdrücken und unter Rühren in der Eigelbmasse auflösen. Die Masse durch ein feines Sieb in eine Schüssel gießen. Dann abkühlen lassen, dabei zwischendurch gelegentlich umrühren. Inzwischen die Schlagsahne in einem Rührbecher mit einem Mixer (Rührstäbe) steif schlagen. Sobald die Eigelbmasse zu gelieren beginnt, die Sahne unterheben.

4. Die Form(en) bzw. Tassen mit kaltem Wasser ausspülen. Die Creme hineinfüllen und etwa 3 Stunden in den Kühlschrank stellen, bis sie fest geworden ist.

5. Für die Sauce die Himbeeren verlesen und kurz kalt abspülen. Etwa 100 g Beeren trocken tupfen und beiseitestellen. Die übrigen Beeren mit dem Puderzucker in einem Topf aufkochen, dann mit einem Stabmixer fein pürieren. Das Püree nach Belieben durch ein feines Sieb streichen, um die Kerne zu entfernen. Erkalten lassen.

6. Zum Servieren die Creme mit einem spitzen Messer vom Rand der Formen oder Tassen lösen. Formen oder Tassen ganz kurz in heißes Wasser stellen und die Creme auf Dessertteller stürzen. Mit Sauce und beiseitegestellten Himbeeren garnieren.

Rezeptvariante 1:
Für **Cappuccino-Creme** die Eigelbmasse wie im Rezept zubereiten. Mit der Gelatine 5 TL Instant-Espressopulver in der Eigelbmasse auflösen. Die Creme in Cappuccino-Tassen füllen und kalt stellen. Zum Servieren 125 g steif geschlagene Sahne daraufgeben und mit Kakaopulver bestäuben.

Rezeptvariante 2:
Für **Orangencreme** 3 EL Orangenlikör unter die Eigelbmasse rühren, dann die Creme wie im Rezept beschrieben fertig zubereiten. Mit Orangenfilets (von 2–3 Orangen) in Gläser schichten und kalt stellen.

Lieblingsrezept Nr.

6

WELFENSPEISE

Zubereitungszeit: 30 Minuten
Kühlzeit: 2 Stunden
Mit Alkohol

ZUTATEN FÜR 4 PORTIONEN

Für die Creme:

- 2 sehr frische Eiweiß (Größe M)
- 40 g Speisestärke
- 40 g Zucker
- 1 Pck. Vanillin-Zucker
- 500 ml Milch (3,5 % Fett)

Für den Weinschaum:

- 3 sehr frische Eigelb (Größe M)
- 80 g Zucker
- 10 g Speisestärke
- 250 ml Weißwein

Pro Portion:

E: 9 g, F: 9 g, Kh: 49 g, kcal: 358

1. Für die Creme das Eiweiß in einer Rührschüssel mit einem Mixer (Rührstäbe) auf höchster Stufe steif schlagen. Der Schnee muss so fest sein, dass ein Messerschnitt sichtbar bleibt. Speisestärke, Zucker und Vanillin-Zucker in einem Schälchen mischen. Die Stärkemischung mit 50 ml Milch glatt rühren.

2. Die restliche Milch (450 ml) in einem Topf zum Kochen bringen. Den Topf von der Kochstelle nehmen. Die angerührte Stärke mit einem Schneebesen unter Rühren hineingeben und kurz aufkochen lassen. Den Eischnee unter die kochend heiße Speise rühren, alles kurz aufkochen.

3. Die Creme in eine Glasschale oder in Dessertgläser füllen, dabei die Schale oder Gläser nur je zur Hälfte füllen. Die Creme abkühlen lassen, dann abgedeckt etwa 2 Stunden in den Kühlschrank stellen.

4. Für den Weinschaum Eigelb mit Zucker, Stärke und Wein in einen Edelstahltopf oder eine Edelstahlschüssel geben. Die Zutaten mit einem Mixer (Rührstäbe) auf niedrigster Stufe im heißen Wasserbad so lange schlagen, bis die Masse durch und durch schaumig ist und sich das Volumen etwa verdoppelt hat (Wasser und Schaum dürfen dabei nicht kochen, da die Masse sonst gerinnt!).

5. Den Topf oder die Schüssel aus dem Wasserbad nehmen, die Masse vom Rand lösen und nochmals kurz verrühren. Den Weinschaum erkalten lassen. Dann auf die Creme in der Glasschüssel oder den Dessertgläsern geben.

Hinweis:
Nur ganz frische Eier verwenden (Legedatum beachten, mind. 23 Tage Resthaltbarkeit). Die Welfenspeise im Kühlschrank aufbewahren und innerhalb von 24 Stunden verzehren.

Rezeptvariante:
Für einen **Apfel-Zitronen-Schaum** den Weißwein einfach durch 750 ml Apfelsaft und 3 EL Zitronensaft ersetzen.

TIPP:

Das restliche Eiweiß kann einen Tag abgedeckt im Kühlschrank aufbewahrt und beispielsweise für Rührei verwendet werden. Es lässt sich aber auch gut einfrieren und bei Bedarf auftauen, z. B. für Baiser oder Makronen.

Lieblingsrezept Nr.
7

WACKELPUDDING

Zubereitungszeit: 10 Minuten
Gelierzeit: 2–4 Stunden
Vegan (Rezeptvariante 1)

ZUTATEN FÜR 4 PORTIONEN

Für den Wackelpudding:

6 Blatt weiße Gelatine
500 ml roter Fruchtsaft oder Fruchtnektar

Für die Garnitur:

einige Zitronenmelisse- oder Minzespitzen
etwa 150 g gemischte Beeren

Pro Portion:

E: 3 g, F: 1 g, Kh: 15 g, kcal: 83

1. Für den Wackelpudding die Gelatine nach Packungsleitung etwa 5 Minuten in kaltem Wasser einweichen.

2. Den Fruchtsaft in einem Topf erhitzen (siehe Tipp). Die Gelatine mit den Händen leicht ausdrücken und unter Rühren in der heißen (nicht kochenden!) Flüssigkeit auflösen.

3. Die Mischung in 4 Dessertschalen oder in 1 große Schale gießen und abkühlen lassen. Dann im Kühlschrank gelieren lassen, je nach Größe der Schale(n) 2–4 Stunden.

4. Für die Garnitur die Melisse oder Minze waschen und trocken schütteln. Die Beeren verlesen, abspülen und gut trocken tupfen. Den Wackelpudding mit Kräuterspitzen und Beeren garnieren.

Rezeptvariante 1:
Für **veganen Wackelpudding** statt Gelatine ein pflanzliches Geliermittel verwenden, etwa Agar-Agar. Für die benötigte Menge bitte die Packungsanleitung beachten, da es Unterschiede bei den Produkten gibt. Agar-Agar muss anders als Gelatine kochen, um zu gelieren. Deshalb die Hälfte des kalten Fruchtsafts mit Agar-Agar glatt rühren, die Mischung unter Rühren zum Kochen bringen und 2 Minuten bei mittlerer Hitze kochen lassen. Dann den restlichen Fruchtsaft unterrühren.

Rezeptvariante 2:
Für noch mehr Aroma und Abwechslung geben Sie frische Früchte in die Schale(n), bevor Sie den Fruchtsaft angießen. Gut schmecken beispielsweise klein geschnittene Erdbeeren in Rhabarber- und Kirschsaft oder Orangenfilets in Saft von Schwarzen Johannisbeeren. Besonders hübsch sieht es aus, wenn Sie essbare Blüten, z. B. Gänseblümchen oder Holunderblüten, als Garnitur auf dem gelierten Wackelpudding arrangieren.

TIPPS:

Den Fruchtsaft nur erhitzen, aber nicht aufkochen lassen, damit wertvolle Vitamine bestmöglich erhalten bleiben.

Fruchtsäfte und -nektare sind meist schon ausreichend süß und machen zusätzlichen Zucker in der Regel überflüssig. Wer es jedoch gern besonders süß mag, kann noch etwas Zucker unter den Fruchtsaft oder -nektar rühren.

Nach diesem Grundrezept können Sie aus beliebigen Fruchtsäften Wackelpudding zubereiten und Ihre Geschmacksfavoriten auf den Tisch bringen.

Lieblingsrezept Nr.

8

KARAMELLCREME MIT FLORENTINERN

Zubereitungszeit: 20 Minuten, ohne Abkühlzeit

ZUTATEN FÜR 4 PORTIONEN

Für die Creme:

120 g Zucker
1 EL Butter
500 ml Milch (3,5 % Fett)
3 EL Speisestärke
125 g Schlagsahne (mind. 30 % Fett)

Zusätzlich:

100 g Mini-Florentiner-Gebäck
evtl. etwa 50 g Schlagsahne (mind. 30 % Fett)
evtl. Spritzbeutel mit Sterntülle (Ø 8–10 mm)

Pro Portion:

E: 7 g, F: 27 g, Kh: 56 g, kcal: 511

1. In einem Topf 100 g Zucker bei mittlerer Hitze karamellisieren lassen. Die Butter unterrühren. Den Topf von der Kochstelle nehmen. 375 ml Milch unter die Karamellmasse rühren, den Topf zurück auf die Kochstelle setzen und alles zum Kochen bringen.

2. Die Stärke mit dem übrigen Zucker (20 g) mischen und mit der restlichen Milch (125 ml) anrühren. Die Stärkemischung unter Rühren zur Karamellmilch geben. Die Mischung kurz aufkochen und andicken lassen. Den Topf von der Kochstelle nehmen. Den Karamellpudding erkalten lassen, dabei zwischendurch ab und zu durchrühren, damit sich keine Haut bildet.

3. Die Sahne in einem Rührbecher mit einem Mixer (Rührstäbe) steif schlagen und unter den kalten Karamellpudding heben.

4. Die Florentiner in grobe Stücke brechen oder hacken, einige Stücke für die Garnitur beiseitelegen. Die Karamellcreme mit den übrigen Florentinerstücken in eine große Glasschüssel oder in Dessertschalen schichten. Die Creme bis zum Servieren kalt stellen.

5. Zum Servieren nach Belieben die Sahne steif schlagen, in einen Spritzbeutel geben und als Tuffs auf die Creme spritzen. Das Dessert mit den beiseitegelegten Florentinerstücken garnieren.

Rezeptvariante 1:
Für **Stracciatella-Karamellcreme** einfach 50 g Zartbitter-Raspelschokolade unter die fertige Creme ziehen.

Rezeptvariante 2:
Für **Karamellcreme mit Hafercrunch** 50–100 g kernige Haferflocken in einer Pfanne ohne Fett bei schwacher bis mittlerer Hitze unter Wenden goldgelb rösten. Mit 1 EL Zucker bestreuen und leicht karamellisieren lassen. Die karamellisierten Flocken auf einem Teller erkalten lassen und anschließend statt der Florentiner zum Einschichten und Toppen der Creme verwenden.

TIPP:

Falls Ihnen die Kombination aus Karamellcreme und Florentinern zu süß ist, probieren Sie eine Fruchtsauce oder frische Früchte zur Creme. Orangenfilets oder frische Johannisbeeren bilden mit ihrer Säure einen feinen Kontrast zur süßen Creme.

Lieblingsrezept Nr.

9

GEDÄMPFTER SCHOKOPUDDING

Zubereitungszeit: 40 Minuten
Garzeit: 20–25 Minuten
Mit Alkohol

ZUTATEN FÜR 8 PORTIONEN

Für den Pudding:

- 100 g Zartbitter-Schokolade (etwa 50 % Kakaoanteil)
- 5 Eier (Größe M)
- 120 g Puderzucker
- 100 g Butter (zimmerwarm)
- 4 cl Rum
- 120 g abgezogene, gem. Mandeln
- 30 g Weizenmehl (Type 405)
- ½ TL gem. Zimt
- 30 g Semmelbrösel

Zusätzlich:

- 8 Portionsauflaufformen oder Mini-Gugelhupfformen aus Silikon
- 1 TL Butter und 2 TL Zucker für die Auflaufformen oder Trennfett zum Sprühen für die Silikonformen

Pro Portion:

E: 10 g, F: 28 g, Kh: 28 g, kcal: 412

1. Für den Pudding die Schokolade in Stücke hacken und in einem kleinen Topf im Wasserbad bei schwacher Hitze unter Rühren schmelzen. Die Schokolade etwas abkühlen lassen.

2. Die Auflaufformen mit Butter fetten und mit Zucker ausstreuen oder die Silikonformen mit Trennfett zum Sprühen fetten.

3. Den Backofen vorheizen.
Ober-/Unterhitze: etwa 180 °C
Heißluft: etwa 160 °C

4. Die Eier trennen. Das Eiweiß in einem Rührbecher mit einem Mixer (Rührstäbe) steif schlagen, dabei nach und nach die Hälfte des Puderzuckers einrieseln lassen. Beiseitestellen.

5. Butter mit restlichem Puderzucker (60 g) in einer Rührschüssel mit dem Mixer (Rührstäbe) auf höchster Stufe schaumig schlagen. Die Eigelbe nacheinander jeweils so lange unterrühren, bis eine gebundene Masse entstanden ist. Alles 3–4 Minuten weiterschlagen.

6. Die geschmolzene Schokolade unter ständigem Rühren auf niedrigster Stufe dazugießen. Den Rum dazugeben und alles gut verrühren.

7. Mandeln, Mehl, Zimt und Semmelbrösel mit einem Teigschaber gründlich unter die Eiermasse heben.

8. Den beiseitegestellten Eischnee nach und nach unter die Masse heben.

9. Die Masse in die Formen füllen und diese in die Fettpfanne des Backofens stellen. So viel heißes Wasser in die Fettpfanne gießen, dass die Formen etwa bis zur Hälfte darin stehen. Die Fettpfanne in den Backofen (Mitte) schieben. Den Schokoladenpudding 20–25 Minuten garen.

10. Die Formen aus dem Backofen nehmen und auf einen Rost stellen. Den Schokoladenpudding etwa 10 Minuten in den Formen abkühlen lassen. Dann auf Dessertteller stürzen.

TIPPS:

200 g Schlagsahne (mind. 30 % Fett) mit Vanillin-Zucker und Sahnesteif cremig schlagen. Den Pudding mit Kakaopulver bestäuben und warm oder kalt mit der Sahne und evtl. Kaffeelikör servieren.

Mit roter Grütze (oder einer Grütze nach Saison) und Vanilleeis servieren.

Wenn Kinder mitessen statt Rum 40 ml Orangensaft verwenden.

Lieblingsrezept Nr.

10

MOKKAPUDDING

Zubereitungszeit: 20 Minuten
Kühlzeit: 2 Stunden

ZUTATEN FÜR 4 PORTIONEN

Für den Pudding:

- 60 g Zartbitter-Schokolade (70 % Kakaoanteil)
- 100 ml sehr starker Espresso
- 400 ml Milch (1,5 % Fett)
- 2 EL Zucker
- 1 Pck. Bourbon-Vanille-Zucker
- 35 g Speisestärke

Für die Garnitur:

- 75 g Schlagsahne (mind. 30 % Fett)
- einige Mokkabohnen aus Zartbitter-Schokolade

Zusätzlich:

- Spritzbeutel mit Lochtülle (Ø 5–10 mm)

Pro Portion:

E: 5 g, F: 12 g, Kh: 27 g, kcal: 243

1. Für den Pudding von der Schokolade mit einem Sparschäler einige Späne für die Garnitur abziehen und auf einem Teller beiseitestellen. Die übrige Schokolade klein hacken.

2. Gehackte Schokolade, Espresso, 300 ml Milch, Zucker und Vanille-Zucker in einen Topf geben. Die Mischung unter Rühren langsam zum Kochen bringen, dabei die Schokolade schmelzen lassen.

3. Die Speisestärke mit der restlichen Milch (100 ml) in einem Schälchen glatt rühren. Die Stärkemischung unter Rühren zur Espressomilch geben. Alles aufkochen und bei mittlerer Hitze unter Rühren 1–2 Minuten kochen lassen, bis die Masse dicklich wird.

4. Den Topf von der Kochstelle nehmen, den Pudding in eine Schüssel, in Portionsschalen oder Tassen füllen und mindestens 2 Stunden kalt stellen.

5. Für die Garnitur die Sahne in einem Rührbecher mit einem Mixer (Rührstäbe) steif schlagen, dann in den Spritzbeutel füllen. Die Desserts mit Sahnetupfen, Mokkabohnen und den beiseitegelegten Schokoladenspänen garnieren.

TIPPS:

Je kräftiger der Espresso, desto aromatischer schmeckt der Pudding.

Statt mit 100 ml gekochtem Espresso und 400 ml Milch können Sie den Pudding auch mit 500 ml Milch und 2 TL löslichem Espressopulver (Instant-Espresso) zubereiten.

Zum Pudding passt sehr gut auch Vanillesauce – lassen Sie dann die Sahnegarnitur weg.

Pudding bekommt beim Abkühlen keine Haut, wenn Frischhaltefolie direkt auf die Oberfläche gelegt wird. Wenn Sie Müll vermeiden möchten, füllen Sie den heißen Pudding möglichst bis knapp unter den Rand in eine Schüssel und legen einen passenden Teller oder Deckel darauf.

Lieblingsrezept Nr.

11

ERRÖTENDES MÄDCHEN

Zubereitungszeit: 30 Minuten
Kühlzeit: 4–5 Stunden

ZUTATEN FÜR 4 PORTIONEN

- 300 g Himbeeren (frisch oder TK)
- 8–10 Blatt weiße Gelatine
- Saft von 2 Zitronen (etwa 60 ml)
- 500 g Buttermilch
- 75 g Zucker
- 1 Pck. Vanillin-Zucker
- 200 g Schlagsahne (mind. 30 % Fett)

Für die Garnitur:

evtl. Zitronenmelissestängel

Pro Portion:

E: 10 g, F: 17 g, Kh: 32 g, kcal: 333

1. Frische Himbeeren verlesen, evtl. kurz abspülen und gut trocken tupfen. TK-Himbeeren nach Packungsanleitung auftauen lassen, dabei den Saft auffangen. 50 g Himbeeren zum Garnieren beiseitelegen. Die restlichen Himbeeren (TK-Himbeeren mit dem Saft) pürieren und durch ein Sieb streichen.

2. Die Gelatine nach Packungsanleitung in kaltem Wasser einweichen. Die Gelatine leicht ausdrücken, mit dem Zitronensaft in einen kleinen Topf geben und bei mittlerer Hitze unter Rühren auflösen. Leicht abkühlen lassen.

3. Himbeermark, Buttermilch, Zucker und Vanillin-Zucker in eine Schüssel geben und mit einem Schneebesen glatt verrühren. 4–5 EL der Mischung zur Gelatinemischung geben und alles gut verrühren. Dann die Gelatinemischung unter die restliche Himbeermasse rühren. Die Masse abgedeckt in den Kühlschrank stellen.

4. Sobald die Masse zu gelieren beginnt, die Sahne in einem Rührbecher mit einem Mixer (Rührstäbe) steif schlagen und nach und nach unter die Himbeermasse heben. Die Masse in Dessertschalen füllen und abgedeckt 4–5 Stunden in den Kühlschrank stellen.

5. Die Creme mit den beiseitegelegten Himbeeren und nach Belieben mit abgespülten, trocken getupften Zitronenmelisseblättern garnieren.

TIPPS:

Sie können das Rezept auch mit der gleichen Menge Preiselbeeren, Preiselbeerkonfitüre oder Roten Johannisbeeren zubereiten.

Bereiten Sie die Creme mit 200 ml Blutorangensaft statt mit Himbeeren zu – dann den Zitronensaft weglassen und die Gelatine tropfnass im Topf auflösen.

Rühren Sie zusätzlich 50 g fein gemahlene Mandeln in die Himbeermasse.

Lieblingsrezept Nr.

12

MARONENCREME

Zubereitungszeit: 15 Minuten

ZUTATEN FÜR 4 PORTIONEN

Für die Maronencreme:

- etwa 280 g abgetropfte Maronen (Esskastanien; vorgegart, geschält, vakuumverpackt oder aus der Dose)
- 5–6 EL Orangensaft
- 4 EL Ahornsirup

Für die Garnitur:

- 125 g Schlagsahne (mind. 30 % Fett)
- 125 g abgetropfte Wild-Preiselbeeren (aus dem Glas)
- evtl. etwas Ahornsirup
- evtl. 8 abgetropfte Maronen

Pro Portion:

E: 3 g, F: 11 g, Kh: 48 g, kcal: 336

1. Maronen, 5 EL Orangensaft und Ahornsirup in eine Rührschüssel geben. Alles mit einem Stabmixer zu einer geschmeidigen Masse pürieren, dabei evtl. noch etwas Orangensaft zufügen.

2. Aus dem Maronenpüree mit 2 Esslöffeln 8 Nocken formen. Je 2 Nocken auf einen Teller legen.

3. Für die Garnitur die Sahne in einem Rührbecher mit einem Mixer (Rührstäbe) steif schlagen.

4. Die Maronennocken mit Preiselbeeren und Sahne anrichten, nach Belieben noch etwas Ahornsirup auf die Teller träufeln und je 2 Maronen dazulegen.

Rezeptvariante:
Für ein **Maronendessert mit Schokolade** die Maronen mit 5–6 EL Schlagsahne, 1 Msp. gem. Zimt und 2–3 EL braunem Zucker mit einem Stabmixer pürieren. 100 g Zartbitter-Schokolade fein hacken, die Hälfte unter die Maronenmasse heben. Aus der Masse mit einem Eiskugelformer 8 kleine Kugeln formen und anrichten. Restliche Schokolade mit 100 g Schlagsahne im heißen Wasserbad unter gelegentlichem Rühren schmelzen. Die Mischung mit 1 Schuss Orangen- oder Kirschlikör abschmecken und als Sauce zu den Maronenkugeln servieren.

TIPPS:

Etwas einfacher wird es, wenn Sie das Maronendessert in 4 Portionsschälchen verteilen und dann mit den Preiselbeeren und der Sahne anrichten.

Sie können für das Dessert auch frische Maronen verwenden. Dann die Schale von etwa 400 g Maronen jeweils oben mit einem kleinen Messer kreuzweise einschneiden. Die Maronen in einem Topf mit Wasser bedecken, aufkochen und 5–10 Minuten kochen, bis sich die Einschnittstellen öffnen. In ein Sieb abgießen, mit kaltem Wasser abschrecken und heiß schälen, dabei das braune (bittere) Häutchen mit abziehen. Die Maronen in einem Topf mit 500 ml Wasser und 1 Pck. ger. Orangenschale aufkochen und abgedeckt in etwa 20 Minuten weich köcheln. In einem Sieb abtropfen und etwa 60 Minuten abkühlen lassen. Dann wie im Rezept beschrieben weiterarbeiten.

Lieblingsrezept Nr.

13

ALTDEUTSCHER NUSSPUDDING

Zubereitungszeit: 35 Minuten
Garzeit: 75 Minuten
Ruhezeit: 15 Minuten

ZUTATEN FÜR 6–8 PORTIONEN

Für den Teig:

- 4 Eier (Größe M)
- 1 Prise Salz
- 75 g Zucker
- 1 Pck. Bourbon-Vanille-Zucker
- 1 Pck. ger. Orangenschale
- 40 g Weizenmehl (Type 405)
- 200 g gem. Haselnusskerne

Zusätzlich:

- 1 Puddingform aus Metall (etwa 1,1 l Inhalt) oder 1 Kastenform (25 × 11 cm; siehe Tipps)
- Fett für die Form
- Semmelbrösel oder gem. Haselnusskerne für die Form
- Puderzucker zum Bestreuen

Pro Portion (6 Portionen):

E: 10 g, F: 26 g, Kh: 24 g, kcal: 377

1. Eine Puddingform (siehe Tipps) sehr gründlich fetten und mit Semmelbröseln oder Haselnüssen ausstreuen.

2. Für den Teig die Eier trennen. Das Eiweiß in einem hohen Rührbecher mit einem Mixer (Rührstäbe) steif schlagen. Den Eischnee kalt stellen.

3. Das Eigelb in einer Rührschüssel mit 4 EL heißem Wasser, Salz, Zucker und Vanille-Zucker mit dem Mixer (Rührstäbe) zunächst kurz auf niedrigster, dann auf höchster Stufe dick-cremig aufschlagen. Orangenschale und Mehl, dann abwechselnd Haselnüsse und die Hälfte des Eischnees unter die Eigelbcreme rühren. Den restlichen Eischnee nur locker unterheben.

4. Den Teig in die Form füllen, die Form verschließen und in einen ausreichend großen Topf stellen. So viel heißes Wasser in den Topf gießen, dass es bis 3 cm unter den Rand der Puddingform reicht. Das Wasser zum Kochen bringen. Die Hitze reduzieren, sodass das Wasser gerade eben siedet. Den Pudding im Wasserbad etwa 75 Minuten garen.

5. Die Form aus dem Wasserbad heben und öffnen. Den Pudding etwa 15 Minuten in der Form ruhen lassen, dann vorsichtig stürzen. Zum Servieren mit Puderzucker bestreuen.

T TIPPS:

Dieser traditionelle gekochte Pudding wird in einer speziellen Form im Wasserbad gegart. Alternativ können Sie die Nussmasse in eine gut gefettete und ausgestreute Kastenform geben und diese mit Backpapier abdecken. Dann den Pudding im Backofen (Ober-/Unterhitze: 150 °C; Heißluft: 130 °C) etwa 60 Minuten backen.

Statt mit Haselnüssen können Sie den Pudding auch mit gemahlenen Mandeln zubereiten. Er schmeckt dann milder.

Zum Pudding schmeckt halbsteif geschlagene Sahne ebenso gut wie eine Vanille- oder Schokoladensauce (z. B. Fertigprodukt).

Lieblingsrezept Nr. **14**

ZITRONENCREME

Zubereitungszeit: 30 Minuten
Kühlzeit: 3 Stunden

ZUTATEN FÜR 6 PORTIONEN

4 Blatt weiße Gelatine
150 ml Zitronensaft (von etwa 3 Zitronen)
125 g Zucker
150 g Joghurt (3,5 % Fett)
300 g Schlagsahne (mind. 30 % Fett)

Pro Portion:
E: 3 g, F: 16 g, Kh: 23 g, kcal: 265

1. Die Gelatine nach Packungsanleitung in kaltem Wasser einweichen. Den Zitronensaft in einem Topf erwärmen (jedoch nicht kochen lassen!).

2. Die Gelatine gut ausdrücken und unter Rühren in dem heißen Zitronensaft auflösen. Den Zucker unter die Saftmischung rühren. Die Flüssigkeit etwas abkühlen lassen, dann mit dem Joghurt verrühren.

3. Die Masse mit Frischhaltefolie abgedeckt in den Kühlschrank stellen, bis sie zu gelieren beginnt, dabei ab und zu mit einem Schneebesen umrühren.

4. Sobald die Masse anfängt zu gelieren, die Sahne in einem Rührbecher mit einem Mixer (Rührstäbe) steif schlagen und unter die Joghurtmasse heben. Die Zitronencreme in eine große Glasschüssel oder in Portionsgläser füllen und mindestens 3 Stunden abgedeckt in den Kühlschrank stellen.

Rezeptvariante:
Für eine **Aprikosencreme** von 250 g abgetropften Aprikosenhälften (aus der Dose, Einlegeflüssigkeit aufgefangen) 2 Hälften in Spalten schneiden. Übrige Aprikosen klein würfeln. 3 Blatt weiße Gelatine nach Packungsanleitung in kaltem Wasser einweichen. 250 g Magerquark, 150 g Vanillejoghurt, 4 EL aufgefangene Aprikosen-Einlegeflüssigkeit, 50 g Zucker und 1 Pck. Vanillin-Zucker verrühren. Eingeweichte Gelatine in einem kleinen Topf unter Rühren nach Packungsanleitung auflösen. Etwa 4 EL von der Creme mit der aufgelösten Gelatine verrühren, dann die Gelatinemischung unter die restliche Creme rühren. 200 g Schlagsahne (mind. 30 % Fett) steif schlagen und mit den Aprikosenwürfeln unter die Creme heben. Die Creme in eine Glasschüssel oder in Portionsgläser füllen und mindestens 3 Stunden abgedeckt in den Kühlschrank stellen. Zum Servieren mit den Aprikosenspalten garnieren.

TIPP:

Die Creme mit Zitronen-, Limetten- oder Orangenfilets und -schalenzesten garnieren. Als Deko passen außerdem Melisseblätter.

Lieblingsrezept Nr.

15

PANNACOTTA MIT BEERENSAUCE

Zubereitungszeit: 25 Minuten
Kühlzeit: 3 Stunden

ZUTATEN FÜR 4 PORTONEN

Für die Pannacotta:

- 600 g Schlagsahne
- 1 Prise Salz
- 2 kleine Stücke Bio-Zitronenschale
- 40 g Zucker
- 1 Vanilleschote
- 4 Blatt weiße Gelatine

Für die Beerensauce:

- 300 g Beeren, z. B. Erdbeeren, Himbeeren, Rote Johannisbeeren oder TK-Beerencocktail
- 1 Pck. Bourbon-Vanille-Zucker

Zusätzlich:

- 4 Portionsformen oder Tassen (je etwa 150 ml Inhalt)

Pro Portion:

E: 5 g, F: 47 g, Kh: 21 g, kcal: 547

1. Für die Pannacotta Sahne, Salz, Zitronenschale und Zucker in einen kalt ausgespülten Topf geben. Vanilleschote längs aufschneiden und das Mark mit dem Messerrücken in den Topf schaben, die Schote ebenfalls in den Topf geben. Alles zum Kochen bringen und ohne Deckel bei schwacher Hitze 10–15 Minuten leicht kochen lassen, dabei gelegentlich umrühren.

2. Inzwischen die Gelatine nach Packungsanleitung in kaltem Wasser einweichen. Den Topf von der Kochstelle nehmen, Zitronenschale und Vanilleschote herausnehmen. Die Gelatine ausdrücken und unter Rühren in der heißen (nicht mehr kochenden!) Sahne auflösen. Die Sahne in die kalt ausgespülten Portionsformen oder Tassen gießen, etwas abkühlen lassen und mindestens 3 Stunden in den Kühlschrank stellen.

3. Für die Sauce frische Beeren abspülen und trocken tupfen. TK-Beeren nach Packungsanleitung auftauen lassen. Die Beeren mit dem Vanille-Zucker in einem hohen Rührbecher mit einem Stabmixer fein pürieren.

4. Pannacotta mit einem Messer vom Rand der Formen oder Tassen lösen. Die Formen oder Tassen ganz kurz in heißes Wasser stellen, dann die Pannacotta auf Dessertteller stürzen. Mit der Sauce servieren.

Rezeptvariante 1:
Für **Pannacotta mit Joghurt** 350 g Schlagsahne wie im Rezept beschrieben mit Vanilleschote, Salz, Zitronenschale und Zucker kochen. Eingeweichte, ausgedrückte Gelatine darin auflösen, die Masse etwas abkühlen lassen. Dann 250 g Joghurt (3,5 % Fett) oder Vanillejoghurt unterrühren. Die Masse sofort in Portionsformen oder Tassen füllen und in den Kühlschrank stellen.

Rezeptvariante 2:
Für **Pannacotta mit Aprikosensauce** etwa 500 g Aprikosen waschen, abtropfen lassen, kreuzweise einschneiden, kurz in kochendes Wasser legen und in kaltem Wasser abschrecken. Früchte enthäuten, halbieren, entsteinen, grob würfeln und pürieren. 2 EL Zitronensaft, 30 g Zucker und 1 Pck. Vanillin-Zucker unterrühren. Die Sauce zur Pannacotta servieren.

TIPPS:

Die Pannacotta kann gut 1–2 Tage vor dem Verzehr zubereitet werden.

Wenn Ihnen die Pannacotta zu üppig ist, können Sie 200 g Schlagsahne durch Milch ersetzen.

Lieblingsrezept Nr.

16

TIRAMISU

Zubereitungszeit: 30 Minuten
Durchziehzeit: 3 Stunden
Mit Alkohol (nach Belieben)

ZUTATEN FÜR 6 PORTIONEN

- 500 g Mascarpone (ital. Frischkäse)
- 150 ml Milch (3,5 % Fett)
- 75 g Zucker
- 1 Pck. Bourbon-Vanille-Zucker
- 40 ml Amaretto (Mandellikör) oder Mandelsirup
- 200 ml kalter Espresso oder starker Kaffee
- 200 g Löffelbiskuits
- 2 EL gesiebtes Kakaopulver

Pro Portion:
E: 9 g, F: 39 g, Kh: 44 g, kcal: 592

1. Mascarpone, Milch, Zucker, Vanille-Zucker und die Hälfte des Amarettos oder Mandelsirups in einer Schüssel zu einer glatten Creme verrühren. Den restlichen Amaretto oder Sirup (20 ml) mit dem Espresso oder Kaffee verrühren.

2. Die Hälfte der Löffelbiskuits in eine flache, eckige Auflaufform (etwa 30 × 18 cm) legen und mit der Hälfte der Kaffeemischung beträufeln. Die Hälfte der Mascarponemasse gleichmäßig darauf verteilen und glatt streichen. Übrige Löffelbiskuits, Kaffeemischung und Mascarponemasse nacheinander auf die gleiche Weise daraufschichten.

3. Das Tiramisu mit Frischhaltefolie abdecken, in den Kühlschrank stellen und mindestens 3 Stunden durchziehen lassen. Vor dem Servieren gleichmäßig mit dem Kakaopulver bestäuben.

Rezeptvariante 1:
Für **Kokos-Kirsch-Tiramisu**
500 g Mascarpone, 150 ml Kokoslikör oder Kokosmilch und 1 Pck. Bourbon-Vanille-Zucker zu einer Creme verrühren. Etwa 300 g Kokoszwieback in eine flache, eckige Auflaufform legen und mit 175 ml Limettensaft tränken. 1 Becher (500 g) Kirschgrütze darauf verteilen. Die Creme auf der Grütze verstreichen. Das Tiramisu mit 3 EL gerösteten Kokosraspeln bestreuen. Wie im Rezept beschrieben durchziehen lassen.

Rezeptvariante 2:
Für ein **Orangen-Tiramisu**
500 g Mascarpone, 150 ml Orangensaft, 75 g Zucker und 1 Pck. ger. Orangenschale cremig verrühren. 300 g Cantuccini in eine flache, eckige Auflaufform legen, mit 100 ml kaltem Espresso tränken. Filets von 8 Orangen gleichmäßig darauf verteilen. Die Mascarponecreme darauf verstreichen. Wie im Rezept beschrieben kühl stellen.

TIPP:

Wenn Sie eine größere Auflaufform verwenden, können Sie das Tiramisu auch nur mit je einer Schicht Creme und Löffelbiskuits zubereiten.

Lieblingsrezept Nr.

17

MOUSSE AU CHOCOLAT

Zubereitungszeit: 30 Minuten
Kühlzeit: 2 Stunden
Mit Alkohol
Vegan (Rezeptvariante 3)

ZUTATEN FÜR 4 PORTIONEN

- 100 g Zartbitter-Kuvertüre (etwa 50 % Kakaoanteil)
- 50 g Vollmilch-Kuvertüre
- 3 sehr frische Eier (Größe M)
- 1 EL Zucker
- 1 EL Cognac oder Rum
- 100 g Schlagsahne (mind. 30 % Fett)
- evtl. 4 Erdbeeren für die Garnitur (abgespült und trocken getupft)

Pro Portion:
E: 8 g, F: 25 g, Kh: 23 g, kcal: 365

1. Beide Kuvertüresorten grob hacken. Zusammen in einem Topf im Wasserbad bei schwacher Hitze unter Rühren schmelzen, dann etwas abkühlen lassen.

2. Die Eier trennen. Eigelb, Zucker und Cognac oder Rum in einer Rührschüssel mit einem Mixer (Rührstäbe) zu einer dicklichen Masse aufschlagen. Die noch warme Kuvertüre mit einem Schneebesen nach und nach unterrühren.

3. Das Eiweiß in einem Rührbecher mit dem Mixer (Rührstäbe) steif schlagen, sodass ein Messerschnitt sichtbar bleibt. Die Sahne ebenfalls steif schlagen. Eischnee und Sahne zusammen unter die Kuvertüremasse heben. Die Masse in eine große, flache Schüssel füllen und abgedeckt mindestens 2 Stunden in den Kühlschrank stellen.

4. Vor dem Servieren von der Mousse mit einem Eisportionierer Kugeln oder mit 2 Esslöffeln Nocken formen und auf Tellern verteilen (Eisportionierer oder Esslöffel evtl. zuvor in kaltes Wasser tauchen). Nach Belieben je 1 Erdbeere dazulegen.

Hinweis:
Nur ganz frische Eier verwenden (Legedatum beachten, mind. 23 Tage Resthaltbarkeit). Die fertige Mousse im Kühlschrank aufbewahren und innerhalb von 24 Stunden verzehren.

Rezeptvariante 1:
Für **Mousse au chocolat mit Amarettini** 40 g Amarettini (ital. Mandelmakronen) grob zerkleinern und unterheben. Die Mousse mit geschlagener Sahne und Amarettini garnieren.

Rezeptvariante 2:
Für eine **Mousse à la vanille** statt Zartbitter- und Vollmilch-Kuvertüre 150 g weiße Kuvertüre verwenden und zusätzlich 1 Pck. Bourbon-Vanille-Zucker unter die Masse rühren.

Rezeptvariante 3:
Für **vegane Mousse au chocolat** 400 g Seidentofu mit 1 EL Zucker im Standmixer kurz durchmixen. 200 g geschmolzene Zartbitter-Schokolade untermixen. Die Creme in Portionsgläser füllen und abgedeckt mindestens 2 Stunden kalt stellen.

TIPP:

Die Mousse mit Puderzucker oder Kakaopulver bestäuben und nach Belieben mit weißer Schokosauce und Raspelschokolade servieren. Für weiße Schokosauce 100 g gehackte weiße Schokolade in 100 g Schlagsahne bei schwacher Hitze unter Rühren schmelzen. Die Sauce abkühlen lassen.

Lieblingsrezept Nr.

18

ZABAIONE (WEINSCHAUM)

Zubereitungszeit: 20 Minuten
Mit Alkohol

ZUTATEN FÜR 4 PORTIONEN

6 sehr frische Eigelb (Größe M)
60 g feinster Zucker
200 ml Marsala-Wein

Pro Portion:
E: 5 g, F: 10 g, Kh: 17 g, kcal: 214

1. Eigelb, Zucker und Marsala in einer Edelstahlschüssel oder einem Edelstahltopf verrühren.

2. Die Schüssel oder den Topf in ein heißes Wasserbad (stellen das Wasser darf nicht kochen!). Die Eigelbmischung mit einem Schneebesen oder mit einem Mixer (Rührstäbe) auf niedrigster Stufe bei mittlerer Hitze so lange aufschlagen, bis eine durch und durch schaumige Masse entstanden ist und sich das Volumen etwa verdoppelt hat (siehe Tipps).

3. Den Weinschaum in Dessertgläser oder -schalen füllen und sofort servieren.

Hinweis:
Nur ganz frische Eier verwenden (Legedatum beachten, mind. 23 Tage Resthaltbarkeit). Die fertige Creme im Kühlschrank aufbewahren und innerhalb von 24 Stunden verzehren.

TIPPS:

Die Eigelbmasse darf beim Aufschlagen nicht zu heiß werden, damit sie nicht gerinnt. Achten Sie deshalb darauf, dass das Wasser im Topf nicht kocht!

Etwas Zimt oder abgeriebene Bio-Zitronenschale hinzufügen und die Zabaione nach Belieben noch mit 1 Schuss Likör oder Rum abschmecken.

Für die Zabaione benötigen Sie nur Eigelb. Das Eiweiß lässt sich gut einfrieren und kann dann nach dem Auftauen z. B. für Baiser oder Makronen verwendet werden. Notieren Sie auf der Gefrierdose die Anzahl.

Lieblingsrezept Nr.

19

TRAUBEN-TRIFLE

Zubereitungszeit: 30 Minuten
Kühlzeit: 30 Minuten
Vegan

ZUTATEN FÜR 4 PORTIONEN

Zum Vorbereiten:

je 150 g kernlose blaue und grüne Weintrauben
25 g Agavendicksaft
80 g vegane Schoko-Orangen-Dinkelkekse

Für die Creme:

200 g Soja-Joghurtalternative (natur)
1 Pck. Bourbon-Vanille-Zucker
1 TL Zitronensaft
200 g gut gekühlte Soja-Schlagcreme (aufschlagbare Sahnealternative)
1 Pck. Sahnesteif

Für die Garnitur:

evtl. einige fein zerbröselte vegane Schoko-Orangen-Dinkelkekse

Pro Portion:

E: 6 g, F: 14 g, Kh: 35 g, kcal: 298

1. Als Vorbereitung die Weintrauben abspülen, abtropfen lassen, entstielen und halbieren. Weintrauben und Agavendicksaft vermischen und etwa 15 Minuten durchziehen lassen. Die Dinkelkekse in grobe Stücke hacken.

2. Für die Creme die Joghurtalternative mit Vanille-Zucker und Zitronensaft gut verrühren.

3. Die Soja-Schlagcreme in einem hohen Rührbecher mit dem Sahnesteif cremig aufschlagen. Mit einem Schneebesen unter die Joghurtmasse heben.

4. Je 1 EL gehackte Kekse und Traubenmischung mit Saft in 4 Dessertgläser verteilen. Dann je etwa 2 EL Creme daraufgeben. Die restlichen Keksstücke und Weintrauben mit Saft – bis auf 1 EL – daraufschichten und mit der restlichen Creme bedecken.

5. Die restlichen Weintrauben auf dem Trifle verteilen. Das Dessert etwa 30 Minuten in den Kühlschrank stellen.

6. Das Trifle nach Belieben mit fein zerbröselten Keksen bestreuen und sofort servieren.

Rezeptvariante:
Für ein klassisches **Trifle mit Vanillecreme** die Creme aus Joghurtalternative, Vanille-Zucker, Zitronensaft, Schlagcreme und Sahnesteif durch eine Vanillecreme ersetzen. Dafür 400 g Vanillepudding (aus dem Kühlregal) in einer Schüssel glatt rühren. 100 g Schlagsahne (mind. 30 % Fett) steif schlagen und unter den Vanillepudding ziehen. Die Vanillecreme mit Weintrauben und etwa 100 g Biskuitstücken (Fertigprodukt) anstelle der Kekse in eine große Schale oder in Dessertgläser schichten und kalt stellen.

Lieblingsrezept Nr.
20

CRÈME BRÛLÉE

Zubereitungszeit: 20 Minuten, ohne Abkühlzeit
Garzeit: 50 Minuten

ZUTATEN FÜR 4 PORTIONEN

Für die Creme:

1 Vanilleschote
200 ml Milch (3,5 % Fett)
20 g Zucker
200 g Schlagsahne
4 Eigelb (Größe M)

Zum Karamellisieren:

etwa 70 g brauner Zucker

Zusätzlich:

4 hitzebeständige, flache Portionsformen (Höhe 3 cm, Ø etwa 11 cm)
Flambierbrenner

Pro Portion:

E: 6 g, F: 24 g, Kh: 26 g, kcal: 345

1. Den Backofen vorheizen.
Ober-/Unterhitze: etwa 120 °C
Heißluft: etwa 100 °C

2. Für die Creme die Vanilleschote mit einem Messer der Länge nach aufschneiden und das Mark mit dem Messerrücken herausschaben. Milch, aufgeschnittene Vanilleschote mit -mark und Zucker in einem Topf aufkochen.

3. Sahne mit Eigelb in eine Rührschüssel geben. Die heiße Milch durch ein Sieb auf die Sahne-Eigelb-Mischung gießen. Mit einem Schneebesen verrühren, dabei darauf achten, dass nicht viel Schaum entsteht. Evtl. entstandenen Schaum abschöpfen, damit die Creme eine glatte Oberfläche bekommt.

4. Die Masse in die Formen verteilen. Die Formen auf dem Rost in den Backofen (unteres Drittel) schieben. Die Creme in etwa 50 Minuten stocken lassen.

5. Die Formen aus dem Backofen nehmen und die Creme bei Zimmertemperatur erkalten lassen (die Creme kann 1 Tag im Voraus zubereitet werden.)

6. Zum Karamellisieren den Zucker auf der Creme in den Formen verteilen und mit dem Flambierbrenner karamellisieren. Die Crème brûlée sofort servieren, da die Karamellschicht sonst flüssig wird. Als Garnitur passen Beeren.

Rezeptvariante:
Für **Crème caramel** den Backofen vorheizen (Ober-/Unterhitze: etwa 140 °C; Heißluft: etwa 120 °C). Eine Fettpfanne zur Hälfte mit heißem Wasser füllen und 6 Portionsformen (je 150 ml Inhalt) hineinstellen. 90 g Zucker in einem Topf schmelzen und hellbraun karamellisieren, dann 2 EL Wasser und 1 EL Cognac unterrühren. Von der Kochstelle nehmen. Den Karamell in die Formen verteilen. 1 Vanilleschote mit einem Messer längs aufschneiden und das Mark mit dem Messerrücken herausschaben. 500 ml Milch mit Vanillemark, -schote und 1 Prise Salz in einem Topf erhitzen, dann etwa 10 Minuten bei schwacher Hitze ziehen lassen. Vanilleschote entfernen. 90 g Zucker und 4 Eier (Größe M) in einer Schüssel mit einem Schneebesen gut verrühren (nicht schaumig schlagen). Die heiße Milch nach und nach unterrühren. Die Masse durch ein feines Sieb in die Formen gießen. Noch so viel heißes Wasser in die Fettpfanne gießen, dass die Formen knapp bis zur Hälfte darin stehen. In den Backofen (unteres Drittel) schieben. Die Creme etwa 40 Minuten stocken lassen, bis die Oberfläche fest ist. Etwas abkühlen lassen, dann abgedeckt etwa 2 Stunden kalt stellen. Die Creme mit einem Messer vom Rand der Formen lösen und auf Teller stürzen. Sofort servieren.

Lieblingsrezept Nr.

21

ENGLISCHER PLUMPUDDING

Zubereitungszeit: 30 Minuten
Einweichzeit: 30 Minuten
Garzeit: 2 ½ Stunden
Mit Alkohol

ZUTATEN FÜR 6 PORTIONEN

Für den Teig:

- 150 g Sultaninen
- 75 g getrocknete Pflaumen
- 75 g getrocknete Aprikosen
- 2 EL Whisky oder Rum
- 2 EL Zitronensaft
- 60 g Butter oder Margarine (zimmerwarm)
- 50 g brauner Zucker
- 2 Eier (Größe M)
- 1 Apfel
- 50 g Weizenmehl (Type 405)
- 75 g Semmelbrösel
- 65 g gem. Mandeln
- ½ TL gem. Zimt
- ¼ TL gem. Gewürznelken

Zusätzlich:

- 1 Puddingform oder hitzebeständige Form, z. B. Auflauf- oder Terrinenform (mindestens 800 ml Inhalt)
- Fett für die Form
- evtl. essbares Tortendekor Stechpalme (Fertigprodukt aus Zuckermasse)

Pro Portion:

E: 8 g, F: 17 g, Kh: 56 g, kcal: 437

1. Die Sultaninen in einem Sieb heiß abspülen, abtropfen lassen und in eine Schüssel geben. Die Pflaumen und Aprikosen sehr klein würfeln und zu den Sultaninen geben. Whisky oder Rum und Zitronensaft darüberträufeln. Die Trockenfrüchte mindestens 30 Minuten einweichen.

2. Butter und Zucker in einer Rührschüssel mit einem Mixer (Rührstäbe) zunächst kurz auf niedrigster, dann auf höchster Stufe cremig schlagen, bis sich der Zucker aufgelöst hat. Die Eier etwa 1 Minute unterschlagen.

3. Den Apfel schälen und mit einer Küchenreibe bis auf das Kerngehäuse grob raspeln. Die Raspel sofort unter die Eiercreme rühren. Die Trockenfrüchte unterrühren. Mehl, Semmelbrösel, Mandeln, Zimt und Nelken mischen. Die Mehlmischung zur Eiercreme geben und alles vermengen.

4. Den Backofen vorheizen.
Ober-/Unterhitze: etwa 150 °C
Heißluft: etwa 140 °C

5. Die Form gründlich fetten und den Teig hineinfüllen. Die Form mit einem passenden Deckel oder mit Alufolie verschließen und in eine hohe Backform oder in einen hohen Bräter stellen. Auf dem Rost in den vorgeheizten Backofen (Mitte) schieben.

6. So viel heißes Wasser in die Form oder den Bräter gießen, dass es bis etwa 3 cm unter den Rand der Puddingform reicht. Den Pudding etwa 2 ½ Stunden garen. Dann aus dem Wasserbad nehmen und 20 Minuten in der Form abkühlen lassen.

7. Den Pudding vorsichtig auf einen Teller stürzen und erkalten lassen. Zum Servieren evtl. mit Tortendekor garnieren.

T TIPPS:

In England und Irland wird der Pudding traditionell am ersten Weihnachtstag serviert. Gern wird dann eine Silbermünze darin versteckt. Den Finder erwarten im folgenden Jahr angeblich Glück, Gesundheit und Wohlstand.

Gut verpackt und kühl aufbewahrt, können Sie den Pudding mindestens 2 Wochen lagern.

Den Pudding nach Belieben flambieren und mit Vanillesauce oder einer Rum- oder Whiskysauce servieren. Dafür 125 g Butter in einem kleinen Topf zerlassen, 125 g Zucker darin auflösen, dann 50–75 ml Rum oder Whisky einrühren.

Lieblingsrezept Nr.

22

TÜRKISCHER REISPUDDING

Zubereitungszeit: 30 Minuten
Abkühlzeit: 60 Minuten

ZUTATEN FÜR 4 PORTIONEN

Für die Puddingmasse:

75 g Zucker
1 Pck. Bourbon-Vanille-Zucker
500 ml Milch (1,5 % Fett)
80 g Reismehl

Für die Karamellkruste:

25 g Butter (zimmerwarm)
25 g Puderzucker

Zum Servieren:

2 TL Rosenwasser (z. B. aus dem Bioladen)
1 TL gem. Zimt

Zusätzlich:

1 eckige Pfanne (etwa 24 × 24 cm)

Pro Portion:

E: 6 g, F: 7 g, Kh: 49 g, kcal: 289

1. Für die Puddingmasse Zucker, Vanille-Zucker, Milch und Reismehl mit einem Topf verquirlen. Die Mischung unter Rühren zum Kochen bringen und unter ständigem Rühren etwa 3 Minuten kochen und andicken lassen. Den Topf von der Kochstelle nehmen.

2. Für die Karamellkruste die Butter in der Pfanne mit einem Backpinsel verstreichen. Den Puderzucker gleichmäßig darübersieben.

3. Die Puddingmasse löffelweise vorsichtig in die Pfanne geben, sodass sich Butter-Zucker-Schicht und Puddingmasse nicht vermischen. Die Masse glatt streichen und bei starker Hitze 1–2 Minuten braten, dann bei mittlerer Hitze noch 13–14 Minuten weiterbraten, bis sich auf der Unterseite eine goldbraune Karamellschicht gebildet hat und es angenehm karamellig duftet. Den Pudding etwa 60 Minuten in der Pfanne abkühlen lassen.

4. Den Pudding in der Pfanne mit einem Pfannenwender in 4 gleich große Stücke teilen. Jedes Stück mit der Karamellschicht nach oben auf einem Teller anrichten, dabei das Stück an zwei Seiten nach unten einschlagen, sodass es wie eine Rolle aussieht. Die Rollen zum Servieren mit Rosenwasser beträufeln und mit Zimt bestreuen.

T TIPPS:

In seiner türkischen Heimat heißt der Pudding „Kazandibi". Traditionell wird er in einer eckigen Form auf dem Herd oder im Ofen gebacken, nach dem Auskühlen in Rechtecke oder Quadrate geschnitten und so angerichtet, dass er wie eine Rolle mit dunkler (angebrannter) Oberfläche aussieht. Wir verwenden stattdessen eine Pfanne.

Wenn Sie keine eckige Pfanne haben, können Sie auch ein rundes Exemplar verwenden und den Pudding in Dreiecke geteilt auf Tellern anrichten. Die Karamellseite sollte auch dabei nach oben zeigen.

Lieblingsrezept Nr.

23

KOKOS-REIS-CREME MIT BEERENSAUCE

Zubereitungszeit: 60 Minuten
Kühlzeit: 2 Stunden
Vegan

ZUTATEN FÜR 12 PORTIONEN

Für die Beerensauce:

- 15 g frischer Ingwer
- 1 Bio-Limette
- 60 g Zucker
- 450 g geputzte Johannisbeeren, z. B. Rote und Schwarze Johannisbeeren (frisch oder TK)
- 10 g Speisestärke

Für die Kokos-Reis-Creme:

- 3–4 Stangen Zitronengras (aus dem Asialaden)
- 3–4 getrocknete Limettenblätter (aus dem Asialaden)
- Salz
- 400 g Duftreis
- 400 ml Kokosmilch
- 50 g Kokosraspel
- 140 g Zucker

Pro Portion:

E: 3 g, F: 9 g, Kh: 47 g, kcal: 286

1. Für die Sauce den Ingwer schälen und sehr fein würfeln. Die Limette heiß abspülen, abtrocknen und 1 TL Schale fein abreiben. Die Limette halbieren und den Saft auspressen.

2. Den Zucker in einem Edelstahltopf bei starker Hitze vorsichtig goldgelb karamellisieren lassen. Den Topf von der Kochstelle nehmen. Ingwer, Limettensaft und -schale sowie Johannisbeeren zum Karamellsirup geben. 150 ml Wasser dazugeben, alles unter Rühren zum Kochen bringen und dann etwa 5 Minuten bei schwacher Hitze leicht kochen lassen.

3. Die Stärke mit 1 EL Wasser anrühren. Den Topf von der Kochstelle nehmen. Die Stärkemischung unter die Beerenmischung rühren. Zurück auf die Kochstelle geben und die Beerenmischung nochmals kurz aufkochen und andicken lassen. Die Sauce erkalten lassen, dann abgedeckt etwa 2 Stunden in den Kühlschrank stellen.

4. Inzwischen für die Reiscreme von den Zitronengrasstangen die äußeren Blätter ablösen. Das Zitronengras abspülen, abtropfen lassen, in etwa 5 cm lange Stücke schneiden und mit einem Fleischklopfer plattieren.

5. Zitronengrasstücke, Limettenblätter, 2 EL Salz und 2,5 l Wasser in einem großen Topf zugedeckt zum Kochen bringen.

6. In der Zwischenzeit den Reis in einem Sieb unter fließendem, lauwarmem Wasser gründlich abspülen. Sobald das Wasser kocht, den Reis einrühren. Den Reis im offenen Topf bei schwacher bis mittlerer Hitze leicht sprudelnd in 10–12 Minuten weich garen. Dann in ein Sieb abgießen, gründlich abtropfen und erkalten lassen.

7. Kokosmilch, Kokosraspel und Zucker in einem Topf verrühren. Unter Rühren zum Kochen bringen, dann bei mittlerer Hitze unter gelegentlichem Rühren so lange köcheln, bis etwa ein Drittel der Flüssigkeit verkocht ist.

8. Die Kokosmilchmischung vorsichtig unter den Reis rühren. Den Kokosreis in Schälchen anrichten und nach Belieben kalt oder warm servieren. Die Sauce dazu servieren.

Lieblingsrezept Nr.
24

MANGOCREME

Zubereitungszeit: 25 Minuten
Kühlzeit: 2 Stunden
Mit Alkohol (nach Belieben)

ZUTATEN FÜR 4 PORTIONEN

- 1 Pck. gem. weiße Gelatine
- 1 reife Mango (etwa 400 g)
- 250 ml Sekt oder Mangonektar
- 2 TL Zitronensaft
- 75 g Zucker
- 250 g Schlagsahne (mind. 30 % Fett)
- evtl. frische Mangospalten für die Garnitur

Pro Portion:

E: 8 g, F: 20 g, Kh: 32 g, kcal: 387

1. Die Gelatine in einem kleinen Topf nach Packungsanleitung mit 5 EL kaltem Wasser anrühren und zum Quellen stehen lassen.

2. Die Mango schälen, das Fruchtfleisch vom Stein schneiden und in einem hohen Rührbecher mit einem Stabmixer fein pürieren. Sekt oder Mangonektar, Zitronensaft und Zucker unter das Püree mixen.

3. Die gequollene Gelatine bei schwacher bis mittlerer Hitze unter Rühren auflösen. Zunächst 4 EL Mangomasse unterrühren, dann die Gelatinemischung unter die übrige Mangomasse rühren. Die Masse in den Kühlschrank stellen.

4. Die Sahne in einem Rührbecher mit einem Mixer (Rührstäbe) steif schlagen. Sobald die Mangomasse zu gelieren beginnt, die Sahne unterheben.

5. Die Creme in Gläser oder eine große Glasschale füllen und abgedeckt etwa 2 Stunden im Kühlschrank gelieren lassen. Nach Belieben mit Mangospalten garniert servieren.

TIPPS:

Achten Sie darauf, dass die Gelatine beim Auflösen nicht zu heiß wird – zu große Hitze zerstört das Eiweiß und damit die Gelierfähigkeit.

50 g Zartbitter-Schokolade im Wasserbad schmelzen. Die Schokolade in einen kleinen Gefrierbeutel füllen, eine kleine Spitze abschneiden. Dessertgläser innen mit der Schokolade dekorativ verzieren. Gläser in den Kühlschrank stellen, bis die Schokolade fest geworden ist. Dann die Creme einfüllen. Restliche Schokolade als Ornamente auf Backpapier spritzen. Bis zum Servieren im Kühlschrank aufbewahren.

Nach Belieben von Kapstachelbeeren (Physalis) die Hüllblätter öffnen, aber nicht entfernen. Die Früchte jeweils zur Hälfte in flüssige Schokolade tauchen. Auf Backpapier legen und kalt stellen. Die Creme vor dem Servieren damit garnieren.

Lieblingsrezept Nr.

25

LIMETTENCREME MIT ZITRUSSALAT

Zubereitungszeit: 50 Minuten
Kühl-/Durchziehzeit: 2–3 Stunden
Mit Alkohol (nach Belieben)

ZUTATEN FÜR 12 PORTIONEN

Für die Limettencreme:

8 Blatt weiße Gelatine
2 Bio-Limetten
150 g brauner Zucker (Rohrohrzucker)
1 kg griechischer Joghurt (10 % Fett)
500 g Schlagsahne (mind. 30 % Fett)
40 g Puderzucker
1 Pck. Vanillin-Zucker
evtl. 2–3 EL weißer Rum

Für den Zitrussalat:

1 Mango
1 Papaya
etwa 250 g Ananasfruchtfleisch (von etwa ½ Ananas)
1 Orange
1 Pink Grapefruit
50 g Kapstachelbeeren (Physalis)
1 Karambole (Sternfrucht)

Für die Garnitur:

einige Zitronenmelisseblätter
50 g Kokosraspel

Pro Portion:

E: 6 g, F: 26 g, Kh: 34 g, kcal: 408

1. Für die Limettencreme die Gelatine nach Packungsanleitung in kaltem Wasser einweichen.

2. Die Limetten heiß abwaschen und abtrocknen, die Schale abreiben. Die Limettenschale in eine große Rührschüssel geben. Die Limetten halbieren, den Saft auspressen und 75 ml abmessen. Limettensaft und Zucker in einem Topf verrühren, dann bei mittlerer Hitze erwärmen, bis der Zucker geschmolzen ist. Den Topf von der Kochstelle nehmen.

3. Die Gelatine ausdrücken, zur Zuckerlösung geben und unter Rühren auflösen. Die Gelatine-Zucker-Lösung zur Limettenschale in die Rührschüssel geben. Den Joghurt in 2 Portionen unterrühren. Die Sahne mit Puderzucker und Vanillin-Zucker in einem Rührbecher mit einem Mixer (Rührstäbe) steif schlagen, in 2 Portionen unter die Joghurtmasse heben. Nach Belieben den Rum unterrühren.

4. Die Limettencreme in eine große Glasschüssel füllen und abgedeckt im Kühlschrank in 2–3 Stunden fest werden lassen.

5. Inzwischen für den Zitrussalat die Mango schälen und das Fruchtfleisch vom Stein schneiden. Die Papaya längs halbieren, die Hälften entkernen und schälen. Mango-, Papaya- und Ananasfruchtfleisch in mundgerechte Stücke schneiden.

6. Orange und Grapefruit so schälen, dass die weiße Haut vollständig entfernt wird. Die Fruchtfilets mit einem scharfen Messer zwischen den weißen Trennwänden herausschneiden. Die Zitrusfruchtfilets jeweils quer halbieren.

7. Von den Kapstachelbeeren die Hüllblätter entfernen. Die Beeren abspülen, trocken tupfen und in dicke Scheiben schneiden oder halbieren. Die Karambole abspülen, trocken tupfen und in dünne Scheiben schneiden. Alle vorbereiteten Früchte in einer Schüssel vermischen. Den Salat abgedeckt im Kühlschrank etwa 60 Minuten durchziehen lassen.

8. Für die Garnitur die Melisseblätter abspülen und trocken tupfen, nach Belieben in feine Streifen schneiden. Die Limettencreme mit Kokosraspeln bestreuen und mit Melisse garnieren. Den Zitrussalat mit Melisseblättern garnieren und zur Creme reichen.

TIPP:

Aus der Limettencreme mit einem Löffel Nocken abstechen und diese auf Teller verteilen. Den Zitrussalat in Gläsern angerichtet dazu reichen.

Lieblingsrezept Nr.
26

ERDBEERCREME MIT SEIDENTOFU

Zubereitungszeit: 15 Minuten
Kühlzeit: 60 Minuten
Vegan

ZUTATEN FÜR 4 PORTIONEN

Für die Creme:

250 g Erdbeeren
400 g Seidentofu
150 g Soja-Joghurtalternative (natur)
1 EL Zitronensaft

Für die Garnitur:

1 EL gehackte Pistazienkerne

Pro Portion:

E: 8 g, F: 5 g, Kh: 6 g, kcal: 112

1. Für die Creme die Erdbeeren putzen, abspülen, mit Küchenpapier trocken tupfen und entstielen. 4 Erdbeeren zum Garnieren beiseitelegen.

2. Die restlichen Erdbeeren in eine Rührschüssel geben. Tofu, Joghurtalternative und Zitronensaft dazugeben. Die Zutaten mit einem Stabmixer fein pürieren.

3. Die Creme in 4 Schälchen oder Gläser verteilen und abgedeckt etwa 60 Minuten in den Kühlschrank stellen.

4. Die Creme etwa 10 Minuten vor dem Servieren aus dem Kühlschrank nehmen. Mit den beiseitegelegten Erdbeeren garnieren und mit Pistazienkernen bestreuen.

Rezeptvariante:
Für eine **Tofu-Beeren-Creme** statt der Erdbeeren 250 g gemischte TK-Beeren und 1 geschälte, in Stücke geteilte Banane nehmen. Die gefrorenen Beeren nach Packungsanleitung auftauen lassen, dann in einem Sieb kurz abtropfen lassen.

TIPP:

Mögen Sie die Creme lieber etwas süßer, dann pürieren Sie zusätzlich noch 1 geschälte, in Stücke geteilte Banane in Punkt 2 mit den übrigen Zutaten.

Lieblingsrezept Nr.

27

HOLUNDERCREME MIT BIRNENSAUCE

Zubereitungszeit: 70 Minuten
Kühl-/Gefrierzeit: 2 Stunden
Mit Alkohol

ZUTATEN FÜR 4 PORTIONEN

Für die Creme:

- 1 Pck. gem. weiße Gelatine
- 6 sehr frische Eigelb (Größe M)
- 60 g Zucker
- 250 ml Holunderbeersaft
- 125 ml Weißwein
- 2 EL Schwarzer Johannisbeerlikör (Crème de Cassis)
- 250 g Schlagsahne (mind. 30 % Fett)

Für die Sauce:

- 1 kg Birnen
- 2 Vanilleschoten
- 75 g Zucker
- 375 ml Weißwein
- 2 EL Himbeergeist
- evtl. einige Heidel- oder Holunderbeeren (kurz gedünstet) für die Garnitur
- evtl. einige Stängel Zitronenverbene

Pro Portion:

E: 10 g, F: 28 g, Kh: 68 g, kcal: 697

1. Für die Creme die Gelatine in einem Schälchen mit 3 EL kaltem Wasser anrühren und etwa 10 Minuten quellen lassen.

2. Inzwischen Eigelb, Zucker, Holunderbeersaft und Wein in einer Edelstahlschüssel mit einem Schneebesen gründlich verrühren. Dann die Masse im heißen Wasserbad so lange schlagen, bis eine dickliche Creme entstanden ist (Wasser und Creme dürfen nicht kochen, da die Masse sonst gerinnt!).

3. Die gequollene Gelatine zuerst mit etwa 4 EL Creme verrühren. Dann diese Gelatinemischung unter die übrige heiße Creme rühren und auflösen. Die Creme im kalten Wasserbad so lange rühren, bis sie dicklich wird.

4. Den Johannisbeerlikör unter die Creme rühren. Die Sahne steif schlagen und nur leicht unter die Creme heben, sodass eine Marmorierung erhalten bleibt. Die Creme abgedeckt etwa 2 Stunden in den Kühlschrank stellen.

5. Inzwischen für die Sauce die Birnen schälen und halbieren, die Kerngehäuse herausschneiden. Die Vanilleschoten der Länge nach aufschneiden und das Mark mit dem Messerrücken herausschaben.

6. Die Birnenhälften mit Vanillemark, Zucker und Wein in einem Topf zum Kochen bringen und 8–10 Minuten dünsten.

7. Die Birnenhälften aus dem Kochsud nehmen. 2 Hälften in dünne Spalten schneiden. Die restlichen Birnen in einem hohen Rührbecher mit einem Stabmixer pürieren. Das Püree mit dem Himbeergeist beträufeln und abgedeckt in den Kühlschrank stellen, etwa 20 Minuten vor dem Servieren in das Tiefkühlfach stellen.

8. Direkt vor dem Servieren die geeiste Birnensauce mit dem Schneebesen einmal kräftig durchschlagen. Die Holundercreme auf Tellern anrichten, z. B. mithilfe von 2 Esslöffeln Nocken daraus abstechen. Die Birnensauce und -spalten neben der Creme platzieren. Alles evtl. mit Heidel- oder Holunderbeeren und abgespülter und trocken getupfter Zitronenverbene garnieren.

Hinweis:

Nur ganz frische Eier verwenden (Legedatum beachten, mind. 23 Tage Resthaltbarkeit). Die fertige Creme im Kühlschrank aufbewahren und innerhalb von 24 Stunden verzehren.

Lieblingsrezept Nr.

28

OMBRECREME MIT HIMBEEREN

Zubereitungszeit: 25 Minuten
Kühlzeit: 60 Minuten
Vegan

ZUTATEN FÜR 4 PORTIONEN

Für die Creme:

1 Bio-Zitrone oder Bio-Limette
350 g TK-Himbeeren
1 Pck. Bourbon-Vanille-Zucker
7 EL Agavendicksaft
1 geh. TL Agar-Agar (6 g)
400 g Seidentofu

Für das Topping:

65 g Pumpernickel
25 g gehackte oder gehobelte Haselnusskerne
2 ½ TL brauner Zucker

Pro Portion:

E: 9 g, F: 7 g, Kh: 46 g, kcal: 287

1. Für die Creme die Zitrone oder Limette heiß abwaschen und abtrocknen, die Hälfte der Schale fein abreiben. Die Zitrone oder Limette halbieren und den Saft auspressen.

2. Die gefrorenen Himbeeren mit Vanille-Zucker, 3 EL Agavendicksaft, Agar-Agar und Zitronen- bzw. Limettenschale in einem kleinen Topf mischen. Die Mischung bei mittlerer Hitze erhitzen, bis die Himbeeren aufgetaut sind, dann alles aufkochen und etwa 1 Minute leicht köcheln lassen.

3. In der Zwischenzeit den Tofu mit restlichem Agavendicksaft (4 EL) und 4–5 EL Zitronen- bzw. Limettensaft in einem hohen Rührbecher mit einem Stabmixer fein pürieren. Etwa ein Viertel der Creme abnehmen und in eine Schüssel geben.

4. Die Himbeeren durch ein feines Sieb streichen. Die kleinere Cremeportion mit wenig Himbeerpüree ganz zart rosa färben. Das restliche Himbeerpüree mit einem Schneebesen nach und nach unter die größere Cremeportion rühren und diese damit leuchtend pink färben.

5. Die pinke Creme sofort in Dessertgläser verteilen. Dann die zart rosa gefärbte Creme daraufschichten. Die Creme abgedeckt etwa 60 Minuten in den Kühlschrank stellen.

6. In der Zwischenzeit für das Topping den Pumpernickel sehr fein hacken. Die Pumpernickelbrösel mit Nüssen und Zucker in einer beschichteten Pfanne unter Wenden knusprig rösten und karamellisieren lassen. Die Mischung auf einen Teller geben und erkalten lassen.

7. Zum Servieren auf jede Cremeportion ein Viertel des karamellisierten Toppings streuen.

TIPP:

Natürlich können Sie die Creme auch mit frischen Himbeeren zubereiten. Die frischen Beeren verlesen und, nur falls nötig, kurz mit kaltem Wasser abspülen. Dann wie in Punkt 2 beschrieben aufkochen und köcheln lassen.

Lieblingsrezept Nr.

29

JOGHURTCREME MIT HEIDELBEERSAUCE

Zubereitungszeit: 30 Minuten
Kühlzeit: 3 Stunden

ZUTATEN FÜR 4 PORTIONEN

Für die Creme:

2 Bio-Zitronen
4 Blatt weiße Gelatine
1 kg Joghurt (1,5 % Fett)
4 TL flüssiger Honig
200 g Schlagsahne (mind. 30 % Fett)

Für die Sauce:

200 g frische Heidelbeeren (ersatzweise leicht angetaute TK-Heidelbeeren)
100 ml roter Traubensaft
2 EL Johannisbeergelee

Pro Portion:

E: 10 g, F: 16 g, Kh: 30 g, kcal: 315

1. Für die Creme die Zitronen heiß abwaschen und abtrocknen. Für die Sauce 1 Stück Zitronenschale dünn abschneiden und beiseitelegen. Von den restlichen Zitronen etwa 1 TL Schale fein abreiben. Die Zitronen halbieren und 4 EL Saft auspressen.

2. Die Gelatine nach Packungsanleitung in kaltem Wasser einweichen. Joghurt, Honig, abgeriebene Zitronenschale und -saft in einer Schüssel mit einem Schneebesen glatt verrühren.

3. Die Gelatine leicht ausdrücken und in einem kleinen Topf bei schwacher Hitze unter Rühren auflösen. Die aufgelöste Gelatine zunächst mit etwa 4 EL Joghurtmasse verrühren, dann diese Mischung unter die restliche Joghurtmasse rühren.

4. Die Sahne in einem Rührbecher mit einem Mixer (Rührstäbe) steif schlagen. Sobald die Joghurtmasse zu gelieren beginnt, die geschlagene Sahne unterheben. Die Creme in Dessertgläser füllen und abgedeckt etwa 3 Stunden in den Kühlschrank stellen.

5. Für die Sauce frische Heidelbeeren verlesen, vorsichtig abspülen und gut abtropfen lassen. Den Traubensaft in einem kleinen Topf zum Kochen bringen. Beiseitegelegte Zitronenschale, Johannisbeergelee und Heidelbeeren dazugeben und alles verrühren.

6. Die Heidelbeermischung zum Kochen bringen, dann bei schwacher Hitze etwa 5 Minuten unter gelegentlichem Rühren köcheln lassen. Den Topf von der Kochstelle nehmen. Die Heidelbeersauce abkühlen lassen.

7. Die Zitronenschale aus der Beerensauce entfernen. Die Joghurtcreme mit etwas Heidelbeersauce toppen, die übrige Sauce separat dazu reichen.

Lieblingsrezept Nr.

30

RHABARBERCREME

Zubereitungszeit: 45 Minuten
Kühlzeit: 2 Stunden

ZUTATEN FÜR 4 PORTIONEN

Für die Creme:

750 g roter Rhabarber (ohne Blätter gewogen)
100 g Zucker
3 Blatt weiße Gelatine
250 g Magerquark
2 sehr frische Eiweiß (Größe M)
1 Pck. Vanillin-Zucker

Für die Garnitur:

evtl. Zitronenmelissespitzen

Pro Portion:

E: 19 g, F: 0 g, Kh: 7 g, kcal: 117

1. Rhabarber putzen (nicht abziehen), abspülen, abtropfen lassen und klein schneiden. Mit 100 ml Wasser und dem Zucker in einem Topf vermischen. Alles zugedeckt einmal aufkochen, dann den Rhabarber bei schwacher Hitze in etwa 15 Minuten weich dünsten.

2. Inzwischen die Gelatine nach Packungsanleitung in kaltem Wasser einweichen.

3. Die Rhabarberstücke in ein Sieb abgießen und abtropfen lassen, dabei die Kochflüssigkeit auffangen. Die Rhabarberstücke in einem hohen Rührbecher mit einem Stabmixer fein pürieren.

4. Von der aufgefangenen Rhabarber-Kochflüssigkeit 250 ml abmessen. Die Gelatine ausdrücken und unter Rühren in der noch warmen Kochflüssigkeit auflösen. Die Mischung gleichmäßig in 4 Gläser gießen und abgedeckt etwa 2 Stunden in den Kühlschrank stellen und gelieren lassen.

5. Das Rhabarberpüree und den Quark in einer Schüssel cremig verrühren. Die Quarkmasse abgedeckt ebenfalls etwa 2 Stunden kalt stellen.

6. Das Eiweiß in einer Rührschüssel mit einem Mixer (Rührstäbe) steif schlagen. Unter weiterem Schlagen löffelweise die Quarkmasse dazugeben. Den Vanillin-Zucker unterrühren. Die Creme auf das Rhabarbergelee in den Gläsern verteilen.

7. Für die Garnitur evtl. Zitronenmelissespitzen abspülen und trocken tupfen. Die Rhabarbercreme nach Belieben mit der Zitronenmelisse garnieren.

Hinweis:
Nur ganz frische Eier verwenden (Legedatum beachten, mind. 23 Tage Resthaltbarkeit). Die Creme im Kühlschrank aufbewahren und innerhalb von 24 Stunden verzehren.

TIPP:

Sie möchten auf rohes Eiweiß verzichten? Dann verrühren Sie die Rhabarberquarkmasse statt mit Eischnee vorsichtig mit etwa 100 g steif geschlagener Sahne.

Lieblingsrezept Nr.

31

ROTWEINCREME MIT JOHANNISBEEREN

Zubereitungszeit: 30 Minuten
Kühlzeit: 2 Stunden
Mit Alkohol

ZUTATEN FÜR 6 PORTIONEN

Für die Beerenschichten:

- 200 g Schwarze Johannisbeeren (frische Beeren oder leicht angetaute TK-Beeren)
- 2 EL gesiebter Puderzucker

Für die Creme:

- 30 g Speisestärke
- 150 ml lieblicher Rotwein
- 150 ml Schwarzer Johannisbeernektar
- 150 g Schlagsahne (mind. 30 % Fett)
- 75 g Doppelrahm-Frischkäse
- 1 EL Zucker
- 1 TL Bourbon-Vanille-Zucker

Für die Garnitur:

- etwa 100 g Schlagsahne (mind. 30 % Fett)
- evtl. einige Schwarze Johannisbeeren
- evtl. Melisse- oder Minzespitzen

Zusätzlich:

Spritzbeutel mit Sterntülle (Ø 8–10 mm)

Pro Portion:

E: 3 g, F: 17 g, Kh: 20 g, kcal: 255

1. Für die Beerenschichten frische Johannisbeeren abspülen und abtropfen lassen, die Beeren von den Stielen streifen. Die Johannisbeeren in einer Schüssel mit dem Puderzucker mischen und Saft ziehen lassen.

2. Für die Creme die Stärke mit etwa 6 EL Rotwein anrühren. Übrigen Rotwein mit Johannisbeernektar in einem Topf zum Kochen bringen. Den Topf von der Kochstelle nehmen. Die Stärkemischung unter die Rotweinmischung rühren. Den Topf zurück auf die Kochstelle geben und die Mischung unter Rühren kurz aufkochen und andicken lassen.

3. Den Pudding in eine Rührschüssel umfüllen und in einem kalten Wasserbad unter Rühren erkalten lassen.

4. Die Schlagsahne in einem Rührbecher mit einem Mixer (Rührstäbe) steif schlagen. Den Frischkäse mit Zucker, Vanille-Zucker und 3 EL Sahne verrühren. Die restliche Sahne mit einem Schneebesen unter die Frischkäsemasse ziehen.

5. Die Sahne-Frischkäse-Masse mit einem Schneebesen unter den Pudding ziehen.

6. Die Rotweincreme schichtweise mit den Johannisbeeren in Dessertgläser füllen. Die Creme etwa 2 Stunden in den Kühlschrank stellen.

7. Für die Garnitur die Sahne steif schlagen, in den Spritzbeutel füllen und die Desserts damit garnieren. Nach Belieben mit einigen Schwarzen Johannisbeeren und Minze- oder Melissespitzen (jeweils abgespült und trocken getupft) dekorieren.

TIPPS:

Statt der Schwarzen Johannisbeeren passen auch Brombeeren oder eine TK-Waldbeerenmischung sehr gut zur Rotweincreme. Diese wie im Rezept in Punkt 1 beschrieben Saft ziehen lassen und am Schluss mit der Creme in Gläser schichten.

Falls Kinder mitessen, können Sie statt Wein auch roten Traubensaft oder auch nur Johannisbeernektar verwenden.

Lieblingsrezept Nr.

32

SPAGHETTI-CREME MIT ERDBEERSAUCE

Zubereitungszeit: 30 Minuten

ZUTATEN FÜR 12 PORTIONEN

Für die Erdbeersauce:

500 g Erdbeeren
50 g Zucker

Für die Creme:

600 g Schlagsahne (mind. 30 % Fett)
150 g Puderzucker
1 Pck. Vanillin-Zucker
500 g Mascarpone (ital. Frischkäse)
1 Vanilleschote
500 g Magerquark
2 EL Zitronensaft

Für die Garnitur:

50 g weiße Schokolade

Zusätzlich:

Spaghettieis-, Kartoffel- oder Spätzlepresse

Pro Portion:

E: 9 g, F: 34 g, Kh: 26 g, kcal: 450

1. Für die Sauce die Erdbeeren abspülen, gut abtropfen lassen und entstielen. Die Erdbeeren mit dem Zucker in einen hohen Rührbecher geben und alles mit einem Stabmixer fein pürieren. Die Erdbeersauce bis zum Servieren abgedeckt in den Kühlschrank stellen.

2. Für die Creme die Sahne in einer Rührschüssel mit einem Mixer (Rührstäbe) steif schlagen. Puderzucker und Vanillin-Zucker unterrühren. Die Sahne in den Kühlschrank stellen.

3. Den Mascarpone in einer großen Rührschüssel mit dem Mixer (Rührstäbe) steif schlagen. Die Vanilleschote der Länge nach aufschneiden und das Mark mit dem Messer in den Mascarpone schaben. Quark und Zitronensaft ebenfalls in die Schüssel geben. Alles gut verrühren.

4. Die geschlagene Sahne in 2–3 Portionen unter die Mascarponecreme heben. Die Creme portionsweise in die Spaghettieis-, Kartoffel- oder Spätzlepresse geben und vorsichtig in Dessertschalen drücken.

5. Die Creme in den Schalen bis zum Servieren abgedeckt in den Kühlschrank stellen.

6. Zum Servieren die Spaghetti-Creme mit etwas Erdbeersauce übergießen. Für die Garnitur von der Schokolade mit einem Sparschäler feine Späne auf die Creme hobeln.

TIPPS:

Sie können die Sauce auch aus je 250 g Erdbeeren und Rhabarber zubereiten. Dafür den Rhabarber abziehen, in kleine Stücke schneiden, in wenig Wasser weich dünsten und erkalten lassen.

Ist es im Sommer sehr heiß, stellen Sie die fertig portionierten Schälchen etwa 30 Minuten ins Gefrierfach. Anschließend mit Erdbeersauce und Schokoladenlocken garnieren und servieren.

Kindern macht es Spaß, sich ihre Portion selbst in das Schälchen zu drücken und zu garnieren.

Lieblingsrezept Nr.

33

ALPHABETISCHES REGISTER

IMPRESSUM

HINTER JEDEM TOLLEN BUCH STECKT EIN STARKES TEAM

Projektleitung: *Karin Kerber*
Korrektorat: *Susanne Noll, Hennef*
Rezepte: *Dr. Oetker Verlag, außer:*
Angelika Ilies (S. 18, 24, 30, 46, 48)
Gestaltungskonzept: *seidldesign.com,*
Wolfgang Seidl, Stuttgart
Satz: *MDH Haselhorst, Bielefeld*
Titelgestaltung: *Büro 18, Friedberg/Bayern*
Herstellung: *Frank Jansen*
Producing: *Jan Russok*
Druck & Bindung: *optimal media GmbH, Röbel*

UNSER VERLAGSHAUS

Mit Standorten in München, Hamburg und Berlin zählt die Edel Verlagsgruppe zu den größten unabhängigen Buchanbietern Deutschlands. Zur Edel Verlagsgruppe gehört unter anderem ZS mit seinen Lizenzmarken Dr. Oetker Verlag, Kochen & Genießen und Phaidon by ZS.

Die Bücher und E-Books unter der Marke Dr. Oetker Verlag erscheinen als Lizenz in der Edel Verlagsgruppe GmbH
www.oetker-verlag.de
www.facebook.com/Dr.OetkerVerlag
www.instagram.com/Dr.OetkerVerlag

LIEBE LESERIN, LIEBER LESER,

seit 130 Jahren gibt es Dr. Oetker Bücher, viele davon sind seit Jahrzehnten im Programm. Mit jedem Buch, mit jeder Aktualisierung eines unserer Klassiker erfinden wir uns neu. Was bleibt, ist immer der Kern unserer Bücher: praktisch müssen sie sein und funktionieren muss alles. Gerne auch mal den einen oder anderen Kniff anbieten, den Sie vielleicht noch nicht kannten. Deshalb kommen Ihnen die Dr. Oetker Bücher so modern und frisch und doch so vertraut vor.

Viel Spaß und viel Erfolg wünschen wir Ihnen
auch mit diesem Buch.
Ihre Dr. Oetker Verlagsredaktion

1. Auflage 2023

Kaiserstraße 14 b
D-80801 München
ISBN: 978-3-7670-1887-7

BILDNACHWEIS

Titelfoto:
StockFood Studios/Julia Skowronek und Andrea Schmid

Foodfotografie:
Antje Plewinski: S. 61, 63
Eising Studio Food Photo & Video: S. 29, 57
Fotostudio Diercks (Thomas Diercks, Kai Boxhammer, Christiane Krüger): S. 7, 11, 13, 33–37, 43, 51, 55, 59
StockFood Studios/Foodphotografie und Foodstyling: Julia Skowronek, Assistenz: Fidelis Licht: S. 5, 23, 39
StockFood Studios/Julia Skowronek und Andrea Schmid: S. 9, 15–21, 25, 31, 41, 45–49, 53, 65–69
Studio Diercks Media GmbH (Silje Paul, Kai Boxhammer): S. 27